CHANGEZ
VOTRE FAÇON
DE PENSER
et
votre vie
changera

KAREN CASEY

CHANGEZ VOTRE FAÇON DE PENSER

et

votre vie changera

12 principes efficaces

Traduit par Fernand A. Leclerc et Lise B. Payette

BÉLIVEAU
éditeur

Montréal, Canada

L'édition originale de cet ouvrage a été publiée sous le titre
CHANGE YOUR MIND AND YOUR LIFE WILL FOLLOW
12 Simple Principles
© 2005 Karen Casey
Conari Press, San Francisco, California (É.-U.)
ISBN: 978-1-57324-213-4

Conception et réalisation de la couverture : Jean-François Szakacs
Photographies de la couverture : Getty Images – Brand X Pictures
Morey Milbradt

Tous droits réservés pour l'édition française
© 2010, BÉLIVEAU Éditeur

Dépôt légal : 2e trimestre 2010
Bibliothèque et Archives nationales du Québec
Bibliothèque et Archives Canada

ISBN 978-2-89092-459-8

 BÉLIVEAU
————★————
é d i t e u r

5090, rue de Bellechasse
Montréal (Québec) Canada   H1T 2A2
514 253-0403   Télécopieur : 514 256-5078

www.beliveauediteur.com
admin@beliveauediteur.com

Gouvernement du Québec — Programme de crédit d'impôt pour
l'édition de livres — Gestion SODEC — www.sodec.gouv.qc.ca.

Nous reconnaissons l'aide financière du gouvernement du Canada
par l'entremise du Programme d'Aide au Développement de
l'Industrie de l'Édition (PADIÉ) pour nos activités d'édition.

IMPRIMÉ AU CANADA

⚘ Table des matières

Préface

*L*A PLUPART D'ENTRE NOUS pensent que leur vie est trop compliquée, trop difficile, trop unique pour l'améliorer par de simples changements. Mais ce n'est pas vrai. Nous choisissons d'y croire pour ne pas avoir à faire l'effort de changer. Mon propos est de vous dire, de vous promettre en fait, que de petits changements simples effectués une minute à la fois, une expérience à la fois, changeront votre vie pour le mieux, de même que le résultat de chaque expérience, de façons puissantes (quoique parfois subtiles). Je sais que les petits changements donnent des résultats. Ma vie d'aujourd'hui en est la preuve. Les nombreuses suggestions présentées dans les chapitres suivants témoignent de chaque petit changement que j'ai fait depuis ces trente dernières années.

Il y a plus de vingt-neuf ans, je me suis retrouvée dans mon premier groupe de soutien, une réunion des Al-Anon à Minneapolis, au Minnesota. Je pensais que les Al-Anon me montreraient comment contrôler la consommation d'alcool de quelqu'un. Je voulais aussi à tout prix découvrir comment « être à ma place » partout. Je suis venue avec la ferme conviction que, si je pouvais juste changer les gens autour de moi, je serais libérée de la peur. Cependant, à cette première réunion, j'ai constaté autre chose. Plusieurs fois ce soir-là, le groupe a éclaté de rire à l'idée que nous pouvons contrôler ou changer le comportement d'une autre personne. Leurs rires m'ont effrayée. Lorsque quelqu'un a fait remarquer que nous ne pouvions que nous changer nous-mêmes et personne d'autre — et que tous ont approuvé en riant —, j'ai pensé que j'avais atterri sur Mars. Ces gens ne doivent pas avoir les mêmes expériences de vie que les *miennes*, me suis-je dit, ou ils ne seraient pas en train de rire. Je voulais à tout prix changer les gens autour de moi. Est-ce que *j'avais* un autre choix?

Heureusement, je suis restée assez longtemps, non seulement pour comprendre leurs rires, mais aussi pour pouvoir rire de ma propre obsession de vouloir contrôler l'incontrôlable. La vérité est que nous ne pouvons changer personne d'autre que nous-mêmes, et plusieurs d'entre nous meurent en essayant de le faire.

Ma vie a changé radicalement depuis ce soir de printemps il y a tant d'années, lorsque j'ai entendu pour la première fois que je ne pouvais être responsable que d'une seule chose: ce que je nourrissais dans mon esprit et les gestes qui s'ensuivaient. Pendant près de trente ans, je me suis pratiquée à prendre la responsabilité de mon esprit, et les résultats ont été impressionnants. J'espère que ce livre vous permettra de constater à quel point il est facile, un moment à la fois, de prendre la responsabilité de votre propre esprit et, ainsi, de changer votre vie entière. En plus de soixante ans, je n'ai pas encore rencontré un compagnon de route qui ne souhaitait pas plus de paix, plus de joie, plus de satisfaction. Des patrons difficiles, des mariages malheureux, des luttes personnelles contre une dépendance, ou des inquiétudes à propos de nos enfants et du monde dans lequel nous vivons nous touchent et nous troublent tous. J'espère que ce livre vous donnera une bonne raison de croire qu'avec un peu de bonne volonté et le désir de changer votre façon de penser, demain sera vraiment meilleur qu'aujourd'hui.

♣ Introduction

Mon parcours

*J*E SUIS LA TROISIÈME DES FILLES. Il y a soixante-cinq ans, mon père, n'écoutant pas l'avis du médecin, a insisté pour que maman soit à nouveau enceinte. Il voulait un garçon. Ma mère ne voulait plus d'enfants. Je ne peux pas dire avec certitude que j'ai ressenti son malheur à propos de ma naissance imminente, alors que j'étais dans son ventre, mais je crois que oui. Mon ancienne thérapeute le croit, elle aussi. Deux ans après ma naissance, il y a eu un quatrième enfant, un fils. Mon père était heureux. Maman est devenue encore plus triste.

Mes tout premiers souvenirs sont d'avoir épié chaque geste de mes parents pour savoir si j'étais la cause de leur malheur, de la colère constante de mon père et de la tristesse de ma mère. Scruter leurs visages pour avoir un indice sur la façon dont je devais me sentir et me comporter était devenu une seconde nature. J'évitais à tout prix le contact visuel avec l'un ou l'autre.

La plupart du temps, j'avais peur. Parfois, la peur me paralysait. J'ai passé de nombreux après-midi et soirées du dimanche sur le canapé du salon, malade au point de vomir, parce que je devais aller à l'école le lundi matin et faire face aux professeurs qui m'effrayaient et me rendaient aussi mal à l'aise que mes parents. Ma peur m'a suivie pendant toute mon enfance et jusqu'à l'âge adulte, avec des maux d'estomac et tout le reste.

Lorsque je suis entrée à l'école secondaire, j'avais mis au point des façons très sophistiquées de faire face à mon anxiété — y compris me réfugier dans un monde imaginaire, à propos duquel j'écrivais dans mes moments libres. Je voulais passer le moins de temps possible près de ma vraie famille, j'ai donc menti sur mon âge et je me suis trouvé un emploi dans un grand magasin alors que j'avais à peine quinze ans. J'allais travailler tous les jours après l'école et les samedis, réduisant ainsi grandement le nombre d'heures par semaine où je devais interagir avec ma famille. Malheureusement, cela n'a pas réglé mon anxiété.

En grandissant, mon frère, mes sœurs et moi n'avons jamais parlé des disputes presque continuelles chez nous. Hélas, nous ne nous parlions que rarement, alors, je n'ai jamais pu savoir si les querelles déclenchaient la même peur en eux. Il semblait que chacun d'entre nous marchait plus ou moins sur la pointe des pieds dans la maison, en essayant d'éviter la colère de mon père, sans jamais prendre conscience que c'était ce que nous faisions. Peut-être que notre isolement les uns des autres était notre tentative d'empêcher que la peur « se matérialise » et qu'elle nous envahisse.

Ce n'est que depuis les quelques dernières années que mon frère, mes sœurs et moi avons abordé la question de la tension dans notre maison. Puisque deux personnes n'ont jamais la même perception dans les « familles dysfonctionnelles », il n'est peut-être pas surprenant qu'aucun ne semble s'en rappeler aussi nettement que moi. L'une de mes sœurs s'en souvient à peine.

Pendant toutes mes études secondaires, même si je faisais partie du « groupe populaire », j'ai toujours eu l'impression d'être quelque peu à part. J'ai souvent essayé de lire sur le visage de mes amis afin de savoir si j'étais aimée, comme je le faisais régulièrement dans ma famille. Je suis à peu près certaine qu'aucun de mes amis ne se rendait compte à quel point j'étais mal dans ma peau. Je n'ai certainement jamais parlé de mes peurs. Ce n'était pas nécessaire pour moi. Dès l'âge de quinze ans, j'avais découvert le parfait remède contre l'anxiété : l'alcool.

Ma consommation a été celle d'une alcoolique dès le début. Je ne m'enivrais pas tous les jours, évidemment. Ce n'est qu'après mon mariage que j'ai commencé à boire tous les jours. Par contre, j'éprouvais une sensation de bien-être immédiate, et j'aimais cette libération de la peur que me procurait l'alcool. Mon amour pour l'alcool n'a pas suscité de réprimandes, ni même un regard de la part de mes parents. Ils buvaient eux aussi, comme tous leurs amis et leur fratrie. Il m'était facile de boire sans attirer l'attention. Heureusement pour moi, il y avait souvent des rencontres familiales où je m'arrangeais pour me fondre dans le décor, un verre dans une main et une cigarette volée dans l'autre.

En 1957, je suis entrée à l'université à contre-cœur, avec un seul but en tête — trouver un mari qui aimait faire la fête. Je n'avais pas verbalisé mon intention aussi clairement, mais c'était évident pour quiconque observait mon comportement. Et j'ai réussi. Mon premier mariage, qui a commencé alors que nous étions en dernière année à l'université, a duré douze ans, à ma grande surprise. L'alcool a d'abord été ce qui nous a unis, puis il s'est transformé en poison.

Nous n'avions pas l'intention de nous faire du mal l'un à l'autre, mais nous l'avons fait. Encore et encore.

Bien avant la fin du mariage, nous avons déménagé au Minnesota afin que mon mari puisse obtenir son diplôme universitaire. La souffrance dans notre vie grandissait à cause de l'alcool et des infidélités de mon mari. Au moment où nous avons divorcé, j'avais perdu la maîtrise de mon alcoolisme mais, miraculeusement, j'avais moi-même maîtrisé l'art d'assister aux cours afin d'obtenir mon diplôme. Avec du recul, je m'étonne de la facilité avec laquelle j'ai suivi mon programme de doctorat. Je n'étais certainement pas venue au Minnesota avec une quelconque idée d'obtenir ce diplôme. Cependant, l'alcool nourrissait ma confiance en moi, et n'ayant rien de mieux à faire et aucun véritable plan de vie, je me suis inscrite.

Je suis certaine que, si je n'avais pas bu à cette époque, je n'aurais pas entrepris des études de doctorat. J'avais enseigné pendant huit ans au niveau primaire en Indiana et au Minnesota, et je n'étais pas sûre d'être assez intelligente pour faire quoi que ce soit d'autre. Personne n'a été plus surpris que moi lorsque j'ai obtenu des A. Pourtant, mes peurs me contrôlaient encore. Je ne m'étais pas libérée de mon besoin d'attention constante et d'obtenir l'approbation des autres, surtout des hommes. Il est heureux que l'alcool ait finalement cessé de faire pour moi ce que j'avais besoin qu'il fasse. En abandonnant l'alcool et les autres drogues en 1976, j'ai pu sauver ma vie, qui se dirigeait littéralement vers une impasse.

En devenant abstinente, j'ai pris profondément conscience qu'il n'y a pas de hasard. Où nous sommes, où je suis en ce moment, a sa raison d'être. Il en va de même pour vous, bien sûr.

Cette perspective a évolué au cours des années, années passées non seulement à explorer diverses voies spirituelles, mais aussi à tenter d'écouter la voix intérieure, qui, à mon avis, est la source de toute connaissance. Cette perspective, voulant que tout ce que nous devons savoir se trouve en nous, a expliqué et facilité chaque aspect de ma vie. Elle m'a aidée à prendre des décisions éclairées. Elle m'a amenée à écrire et à publier seize livres en vingt ans.

Le livre que vous avez maintenant entre les mains révèle une autre couche, plus profonde, de cette croyance dans la puissance de la perspective. Abe Lincoln aurait dit un jour : « Nous sommes aussi heureux que nous formons notre esprit à l'être. » J'aime cette idée. Elle simplifie notre tâche. Nous pouvons mener une vie meilleure si nous formons notre esprit en conséquence. Le choix nous appartient. Où que nous allions, nous sommes là, comme nous l'avons décidé.

Nous décidons. Voilà la révélation. Nous décidons si nous allons vivre une vie amère ou douce. Nous décidons, à chaque instant, de réagir à partir de la paix ou de la peur. Nous décidons.

La vérité, c'est qu'il ne faut pas beaucoup d'efforts pour rendre notre vie plus « douce ». Cependant, il faut y mettre de la volonté — consentir à apporter de petits changements dans la façon dont nous percevons nos expériences et nos compagnons de route. Plutôt que d'envisager chacun et toute chose comme une menace potentielle ou un obstacle, nous pouvons choisir de considérer chaque moment comme une occasion d'être en paix. Chaque fois que nous choisissons une réaction de paix, nous pavons la voie non seulement à notre propre bonheur, mais également à un monde de paix. Dans ce livre, je vous enseignerai les douze principes qui peuvent vous aider à manifester un monde de paix. Seulement douze principes simples à mettre en pratique. C'est tout. Vous joindrez-vous à moi ?

1

Entretenez votre propre jardin

*I*L EST FACILE de se concentrer sur les autres, n'est-ce pas? Les femmes, en particulier, sont élevées pour agir de la sorte. Nous jugeons, nous critiquons, parfois à haute voix; par la colère, la manipulation, la honte ou la culpabilité, nous essayons de contrôler ceux qui cheminent avec nous. J'ai des nouvelles pour vous. Ce sont toujours de mauvais choix et ce n'est jamais « le travail » que nous avons été appelés à faire.

Centrer notre attention à l'extérieur de nous et essayer de contrôler les autres constituent une technique habile d'évitement; cela nous aide, au moins temporairement, à éviter de devoir regarder en face notre propre comportement, parfois déficient. Il est ironique de constater que nous remarquons toujours chez les autres les mêmes comportements que nous devrions observer chez nous-mêmes. Toujours!

Notre entourage — notre famille, nos amis, nos voisins, même les étrangers à l'épicerie ou devant nous dans un bouchon de circulation — est un miroir qui révèle qui nous sommes. Notre réaction face à tous ces gens nous démontre que nous devons travailler sur nous-mêmes, et quand nous les laissons vivre leur propre vie, nous pouvons revenir à nos affaires, contrôler la seule chose que nous pouvons vraiment: notre propre réaction face à la vie.

Tout cela est bien beau, mais comment? C'est très simple. Nous devons apprendre de nouveaux comportements et les mettre en pratique.

DÉVELOPPER DE NOUVEAUX COMPORTEMENTS

- *Occupez-vous de votre vie,*
  et d'aucune autre!

Plusieurs d'entre nous ont acquis très tôt dans la vie l'habitude de se mêler des affaires des autres. Nous avons entendu nos parents critiquer leurs propres amis, ou d'autres membres de la famille, ou des voisins, pour leurs actions ou leurs opinions. Surveiller de façon obsessive le comportement d'amis, de membres de la famille ou même de parfaits étrangers, et espérer changer ou contrôler leur comportement, voilà un puissant catalyseur de bouleversements intérieurs. Cela accompagne parfaitement l'idée erronée que nous pouvons changer tout le monde sauf nous. On peut passer des années à essayer de changer un conjoint ou un ami, mais quel soulagement d'apprendre enfin que les affaires des autres sont hors de notre contrôle, ou même de notre jugement. Nous avons bien assez de nous occuper de nous-mêmes.

Cela vaut la peine de le répéter : nous ne sommes pas responsables des autres ! Ni de leur comportement, ni de leurs pensées, ni de leurs rêves, ni de leurs problèmes, de leurs succès ou de leurs échecs.

Même les enfants que nous élevons ont leur propre cheminement à faire, et notre soi-disant contrôle sur eux n'est en fait qu'une illusion. Nous pouvons leur donner l'exemple, nous pouvons suggérer certains comportements, nous pouvons démontrer un code d'éthique, nous pouvons même exiger qu'ils se conforment à certaines « règles de la maison » tant qu'ils sont sous notre toit, mais finalement, ils décideront eux-mêmes ce qu'ils veulent devenir et ce qu'ils veulent faire, malgré tous nos efforts. De cela, nous en serons reconnaissants un jour.

Je dis : célébrons le fait que nous ne sommes responsable que de nous-mêmes. Cela nous soulage d'un gros fardeau et d'un travail ingrat qui ne nous gratifie jamais. Prendre le contrôle de chacune de nos pensées et actions, et être prêts à laisser le passé derrière et apprécier le présent, nous tiendra assurément aussi occupés que nous devons l'être. Faire cela, et seulement cela, c'est la raison pour laquelle nous sommes sur terre. Ce n'est que lorsque nous vivons notre propre vie et que nous nous occupons de nos propres affaires, laissant ainsi aux autres la liberté de faire de même, que nous trouvons la paix que nous recherchons et que nous méritons.

• *Lâchez prise et laissez les autres être eux-mêmes*

Nous sommes tellement nombreux à perdre un nombre incalculable d'heures ou de semaines ou, dans certains cas, d'années à essayer de faire de quelqu'un ce que nous voudrions qu'il soit, ou qu'il fasse ce que nous croyons être le mieux pour lui (ou peut-être pour nous), seulement pour échouer chaque fois. C'est une tragédie et une vie gaspillée. Il est temps de lâcher prise.

J'ai fait connaissance avec l'idée de « lâcher prise » dans un groupe de soutien Douze Étapes, et il m'a fallu beaucoup de temps pour en saisir la signification. N'était-ce pas mon devoir de guider les décisions et les gestes de mes êtres chers? De les contrôler, si je le pouvais? J'ai toujours pensé qu'agir autrement était égoïste et insouciant. Heureusement, j'ai enfin appris que notre conjoint, nos amis, notre famille, nos voisins, même les étrangers qui croisent notre route, doivent être eux-mêmes, pas ce que nous croyons qu'ils devraient être. Ils doivent faire leurs propres erreurs et, par ce qu'ils apprennent, avoir des raisons de célébrer leurs propres succès.

Il y a de nombreuses raisons de cesser ce comportement inutile, mais les principales sont que nous ne réussirons jamais à contrôler les autres et nous ne connaîtrons jamais la paix dans notre propre vie si nous nous concentrons toujours sur la façon dont les autres vivent ou devraient vivre. Si nous voulons être en paix, nous devons lâcher prise sur la façon dont les autres choisissent de vivre et nous occuper uniquement d'une seule vie : la nôtre.

• *Cessez d'être au centre de la vie des autres*

Tout comme personne d'autre ne peut, efficacement ou calmement, être le centre exclusif de notre vie, nous ne pouvons pas perdre un temps précieux à croire que nous sommes ou que nous devrions être au centre de la vie de quelqu'un d'autre. Cela peut être un choc pour notre ego, mais il est temps d'apprendre cette vérité importante. Cela ne signifie pas que nous devrions cesser d'interagir avec les autres ou nous éloigner d'eux afin d'éviter d'être mis de côté. Ni que nous devrions ignorer la façon de penser et le comportement des autres, de crainte de développer une dépendance malsaine envers eux. Observer les autres peut s'avérer à la fois édifiant et éclairant.

Cela signifie simplement de prendre du recul quant à notre rôle dans toute interaction, et comprendre où finit notre responsabilité d'agir et où commence celle de l'autre personne. Se mêler des actions des

autres, de leurs rêves ou de leurs drames nous lie à
eux de façons émotionnellement malsaines et retarde
la croissance que nous méritons. Malheureusement,
plusieurs confondent empêtrement avec sentiment de
sécurité. Nous voulons que les gens autour de nous
nous portent une attention constante, ne fassent
aucun projet dont nous serions exclus, n'aient aucune
pensée qui ne soit partagée. Ceci n'est pas une relation, c'est de la dépendance; c'est une relation contre
nature. Les relations qui nous apportent vraiment la
paix sont interdépendantes. Elles nous permettent
d'entrer en relation tout en vivant et en honorant notre
propre vie et en laissant nos « partenaires d'apprentissage » faire la même chose.

• *Ne prenez pas d'otages*

Plusieurs pensent que notre occupation la plus
importante consiste à nous occuper des affaires des
autres. Pourquoi est-il si difficile de laisser les gens
suivre leur propre parcours? Pourquoi persistons-
nous à interférer dans la vie des autres, surtout lorsque nous en retirons si peu de bénéfices? Parce que
nos parents l'ont fait n'est pas une raison suffisante.
Nous avons sans doute vu nos parents faire de nombreuses choses que nous avons choisi d'éviter. Non, il
doit y avoir une autre raison.

Après près de trente ans de croissance émotionnelle et spirituelle dans des programmes Douze
Étapes et autres voies spirituelles, j'en ai conclu que

nous nous occupons des affaires des autres, nous les « prenons en otages », pour ainsi dire, strictement à cause de notre propre insécurité. Nous nous investissons personnellement dans la vie d'autres personnes et dans les résultats de leurs actions parce que nous voyons ces résultats comme une définition de notre vie, comme s'ils nous enlevaient ou nous apportaient une valeur que nous n'avions pas réalisée jusqu'ici.

Quelle tristesse de croire que notre propre bien-être est lié à ce point aux décisions, même aux caprices occasionnels, des autres. Mais nous agissons ainsi, encore et encore, et notre vie ne s'améliore jamais pour autant, du moins à long terme. À court terme, essayer d'aider une personne chère à vivre sa vie peut sembler la chose à faire — cela peut même devenir agréable pour un temps — mais prendre en main notre propre vie demande bien assez de travail pour une seule personne. Le travail qu'implique le fait de prendre sa vie en main appartient à la personne elle-même et à Dieu.

En fait, penser à Dieu, même si ce n'est qu'occasionnellement, au cœur de toutes nos expériences — celles qui impliquent les autres et celles qui ne concernent que nous — peut changer entièrement notre façon de penser. Aucune expérience ne peut nous laisser perplexes pendant longtemps si nous nous rappelons qui en est le chef d'orchestre.

Il est certainement important de se rappeler qu'accepter que Dieu s'occupe de la vie de chacun ne signifie pas que nous n'avons rien à faire. Bien sûr, un

2

Cessez de vous centrer sur les problèmes afin que les solutions puissent apparaître

*B*IEN DES GENS CROIENT qu'ils doivent s'attaquer à leurs problèmes afin de pouvoir les résoudre. Ils étudient un problème, l'analysent sous tous les angles possibles, cherchent à le diagnostiquer, utilisent des soi-disant techniques de résolution de problème qui ont pu réussir avant, sans comprendre que chaque problème possède sa propre solution. C'est exact. Les problèmes ne sont jamais aussi gros et réels que dans la mesure où nous les rendons ainsi. En fait, ils n'existent que si nous permettons à notre ego de les créer, puis nous les alimentons par notre attention constante.

Considérez les suggestions suivantes pour changer la façon dont vous voyez les « problèmes imaginaires » dans votre vie. Ne doutez jamais qu'en changeant votre façon de penser, vous pouvez changer chaque expérience de votre vie.

DÉVELOPPER DE NOUVEAUX COMPORTEMENTS

- *Cessez de faire tout un plat des situations ordinaires*

D'accord, cela semble logique, mais qu'est-ce qu'une situation « ordinaire »? Par exemple, être mis en « attente » pendant un temps interminable alors qu'on essaie de trouver pourquoi un colis n'est pas arrivé; rechercher de l'aide lorsque votre ordinateur tombe en panne au beau milieu d'un travail; s'occuper d'un projet de rénovation domiciliaire qui est terriblement en retard et des ouvriers qui ne se sont pas pointés depuis plus d'une semaine; être dans la mauvaise file d'attente à l'épicerie, celle où trois personnes devant vous ont oublié un article et ont dû se précipiter pour aller le chercher, vous mettant ainsi en retard pour une rencontre avec un ami, ou pour aller chercher votre enfant à la garderie. N'oublions pas non plus les bouchons de circulation, surtout lorsque nous sommes déjà en retard. Toutes ces situations extrêmement ordinaires peuvent devenir de gros problèmes si nous les laissons nous envahir. Nous pouvons éviter qu'il en soit ainsi.

Les seules vraies situations problématiques sont celles qui mettent notre vie en péril, et même celles-là pourraient s'avérer des occasions d'une nouvelle croissance.

Je me souviens d'un homme très sage, avec qui j'ai enseigné à l'Université du Minnesota, qui racontait que tous les embouteillages étaient pour lui des occasions de prier pour toutes les personnes dans les automobiles devant lui. Il disait que cela changeait immédiatement comment il se sentait. Il avait aussi l'impression que ses prières aidaient aussi à dégager la circulation. On ne peut jamais savoir si cela est vrai objectivement, mais le simple fait de se sentir mieux après avoir entrepris une action, comme prier chaque fois qu'on fait face à « un problème », rend le geste valable. Prier n'a certainement jamais empiré une situation ou nui à quiconque. Bien au contraire.

Prenons la décision d'accepter dans la joie toutes les situations — les files d'attente, les embouteillages, les pannes d'ordinateur et le reste — comme des occasions d'inclure Dieu dans notre vie à ce moment-là, et d'attendre ensuite le changement de perception qui suivra assurément.

Notre vie change lorsque nos perceptions changent. C'est une vérité absolue sur laquelle nous pouvons compter !

• *Cessez de réagir avec excès*

Il y a plusieurs années, alors que je terminais un doctorat à l'Université du Minnesota, j'ai vécu une expérience terrible qui m'a appris des choses sur le fait de réagir avec excès. Tout ce qu'il me fallait, c'était de faire approuver ma thèse par les cinq professeurs qui siégeaient sur mon comité. Quatre des membres l'avaient approuvée à temps. Le cinquième professeur se traînait les pieds. Naturellement, j'ai cru qu'il n'allait pas l'approuver, mais je n'arrivais même pas à obtenir de lui un rendez-vous.

Mon directeur de thèse m'a suggéré de fixer quand même une date pour mon examen oral. Ce que j'ai fait, pour ensuite supplier le « retardataire » de me rencontrer. Il a finalement accepté et je suis allée à son bureau, un peu craintive mais remplie d'espoir. Ses premiers mots ont été: « Il faut réécrire cela. » J'étais abasourdie et terrifiée. Je suis restée assise sans bouger pendant un moment, essayant de me concentrer, mon esprit se promenant d'un scénario effrayant à un autre. Je voulais crier, le traiter de noms horribles et m'enfuir de son bureau. Je voulais l'humilier, puisque quatre de ses confrères avaient déjà approuvé mon travail en termes élogieux et dans les délais appropriés.

Avant d'ouvrir la bouche, j'ai pris une profonde respiration et le miracle s'est produit. Une force en moi s'est emparée de mes pensées et je lui ai suggéré calmement que nous revoyions ensemble ses objections.

Je ne savais pas vraiment d'où me venaient ces paroles. À peine quelques instants plus tôt, je voulais lui crier des obscénités et m'enfuir. Mais, je suis restée calme. Je n'ai pas réagi avec excès. En fait, je n'ai même pas réagi. J'ai simplement répondu calmement à son « attaque ».

Par la suite, nous avons passé en revue chacune de ses questions dans la thèse de trois cents pages et, à chacune, j'avais une explication que je n'ai pas vraiment entendue. Je n'aurais jamais pu les répéter. J'ai été incapable aussi de répéter à mon mari un mot de ce que j'avais dit, lors de mon retour à la maison. C'était comme une expérience hors de mon corps. Je me voyais réfuter ses critiques et, trois heures et demie plus tard, il a approuvé mon travail en termes élogieux.

J'ai quitté son bureau euphorique mais très confuse. Je savais que j'étais incapable de répondre à ses questions, mais les réponses se trouvaient quelque part à l'intérieur de moi. Si j'étais retombée dans mes anciennes habitudes et si j'avais réagi avec excès à son attaque, je n'aurais peut-être jamais eu mon diplôme. J'ai plutôt appris deux choses importantes de cette expérience qui sont, en fait, plus précieuses que le doctorat : (1) j'ai appris que le fait de rester calme peut dénouer une situation et apaiser des sentiments de terreur, et (2) j'ai appris que j'ai les aptitudes pour écouter une Sagesse intérieure si je choisis de le faire.

Je n'ai jamais oublié la sensation que j'ai éprouvée lorsque j'ai quitté son bureau. Je n'ai pas oublié non plus que les réponses sont toujours en nous. Ce que j'ai oublié trop souvent, cependant, c'est de me tourner vers cette source lorsque j'en avais le plus besoin.

Prendre la décision de ne plus réagir avec excès nous procurera des relations beaucoup plus agréables avec les autres; la voie sera ainsi préparée pour une paix que nous n'aurions pas pu connaître, sauf en de rares occasions dans le passé, et la porte s'ouvrira à la sagesse qui habite chacun de nous. Si nous ne pouvons pas abandonner notre habitude de réagir avec excès à chaque situation, nous arrêter de réagir ainsi ne serait-ce qu'une fois par jour aura des conséquences sur notre vie et sur toutes nos relations d'une façon que nous n'aurions jamais pu prévoir. Le changement n'est pas seulement en nous. Il affecte tout notre entourage.

• *Ne faites rien*

Lorsqu'une personne « nous confronte » ou nous attaque de quelque façon, le désir de riposter est parfois presque irrésistible. Mon propre passé est rempli de scénarios où j'ai mis mon armure pour répondre par une attaque vicieuse — souvent bien pire que celle dont j'avais été la cible. Mon père et moi nous faisions souvent prendre dans cette « danse ». Chaque attaque dirigée contre ma personne, mon frère ou ma mère déclenchait en moi la rage. Il n'y avait pas de vainqueur. Mon comportement n'aidait pas ma mère, ni mon frère, ni moi. Dans chaque cas, quelque justification que je ressentais alors se dissipait rapidement. Un sentiment de mortification, de honte, d'embarras, ou même pire, s'ensuivait généralement. Jamais je ne me suis sentie bien à propos de ma réaction après y avoir réfléchi. Mais je consentais rarement à m'excuser.

Il ne m'était jamais venu à l'idée que le fait d'être « attaquée » verbalement, ou peut-être même physiquement, ne nécessitait pas de réaction. J'avais peut-être besoin de m'éloigner de la situation, ou même de rechercher l'aide des autorités, mais je n'avais pas besoin de réagir. Quel soulagement lorsque j'ai enfin compris cela! J'ai eu tellement d'occasions de pratiquer cela, de m'éloigner — avec mon père, mon premier mari, mon patron de plusieurs années. Jusqu'à ce que je sois bien avancée dans la recouvrance de mes dépendances, j'ai raté chacune de ces occasions. Pas une fois ai-je interprété une attaque comme un signe de peur chez son auteur. Mais très souvent, c'est précisément le cas.

Dans ma jeunesse, je pensais que m'éloigner serait perçu comme une capitulation, et je voulais m'assurer que mon idée était bien comprise. S'éloigner ne veut pas dire être d'accord avec son adversaire. Au contraire, cela ne veut rien dire de plus que vous avez choisi de vous retirer. Maintenant, je suis heureuse de toutes les occasions qui me sont données de ne pas m'emporter face aux situations qui auraient soulevé ma colère dans le passé. Je me sens moins impuissante chaque fois que je fais ce choix.

Plus je vieillis, plus je comprends qu'aucune situation ne peut s'améliorer par ma colère; en effet, très peu de situations mettent ma vie en danger, et je ne connaîtrai jamais la paix si je me laisse embourber dans des disputes sans importance. Dès qu'on considère les choses de cette façon, on comprend qu'il y a bien peu d'occasions dans notre vie qu'on peut qualifier de « menace à notre vie ». Lorsque tout a été dit et fait, ne rien faire de plus est souvent la chose la plus utile qu'on puisse « faire » — en toutes circonstances.

• *Refusez le chaos*

Je me souviens d'avoir assisté à un mariage dans une famille où la plupart des invités étaient du côté du marié. L'alcool combiné à la testostérone a généré des batailles, de nombreuses larmes et l'arrivée des policiers. Même s'il y avait un véritable chaos, j'ai constaté que je n'avais pas besoin de contribuer à l'augmenter. Rester dans le drame aurait juste voulu dire remplir aussi mon esprit de chaos. Ceux qui le voulaient sont simplement partis, laissant le reste de la soirée à ceux qui préféraient continuer de vivre dans le drame. La plupart des chaos sont un produit du passé, souvent un affront imaginé. L'une des façons de vous libérer du chaos, c'est d'essayer de rester présent dans le moment, de ne pas y ajouter les émotions qui ont été engendrées par des expériences passées mémorables et chaotiques. Mais pour réussir, cela nécessite une réelle vigilance. Nos pensées s'envolent si facilement vers d'anciennes expériences — ou du moins vers ce que nous pensons avoir vécu — comme un moyen d'interpréter ou d'anticiper la suite. Si la mémoire nous renvoie un souvenir chaotique, nous nous attendrons naturellement à la même chose cette fois-ci, et nous augmenterons ainsi les risques de créer dans l'instant présent ce chaos anticipé.

Par exemple, s'il y avait souvent des disputes dans votre famille d'origine, s'il y avait plus de chaos que de paix, il ne fait aucun doute que ces attentes se transposeront dans vos relations importantes aujourd'hui. Mais vous pouvez cependant faire un autre choix. Voilà une nouvelle encourageante pour ceux d'entre nous qui sont sur une voie spirituelle. Il n'est pas nécessaire que nous fassions ce que nous avons toujours fait. Il n'est pas nécessaire que nous gardions la même façon de penser. Il n'est pas nécessaire que nous nous attendions toujours à la même chose.

Notre esprit est aussi libre du chaos du passé que nous choisissons qu'il le soit — ce qui veut dire, bien sûr, que nous n'avons pas à nous mêler du chaos de toute personne qui est sur notre chemin présentement. Le fait d'éviter le chaos peut également enseigner une bonne leçon aux autres. Personne n'a à être aspiré dans le chaos et le drame, mais plusieurs ont encore à apprendre cela.

Le désengagement peut tout aussi facilement devenir une habitude que l'engagement erroné l'a été pour plusieurs d'entre nous. C'est vraiment une mentalité à acquérir, une occasion de changer notre façon de penser et de découvrir que notre vie prendra, elle aussi, une nouvelle direction plus paisible. Chaque habitude demande de la pratique. La plupart d'entre nous sont tout à fait prêts à reprendre allègrement leurs vieilles habitudes. Nous avons maintenant une occasion d'essayer une nouvelle approche — pratiquer aussi l'habitude du désengagement. Rien ne vous en empêche; il suffit seulement d'un peu de bonne volonté.

- *Et après ?*

Je n'oublierai jamais ce que j'ai ressenti lorsqu'une bonne amie m'a répondu « Et après ? » alors que je lui avais téléphoné pour me plaindre, encore une fois, d'un problème de relation. Je m'étais confiée à elle des douzaines de fois, cherchant la consolation, afin qu'elle valide mes sentiments blessés. Elle avait toujours été disposée à écouter. Cette fois-ci, par contre, elle m'a interrompue et je me suis sentie insultée, blessée, en colère, et vraiment intriguée par sa réponse. Comment pouvait-elle agir de la sorte ? Qu'en était-il de notre amitié ?

Je ne l'ai pas confrontée et je ne lui ai pas dit combien j'étais blessée, mais après avoir bouillonné de rage pendant quelques heures, je me suis mise à rire. J'ai soudain compris qu'elle essayait de me dire « Reviens-en », quoi que le « en » signifiait. Elle essayait de se désengager de mes jérémiades constantes et, ce faisant, me montrer que je pouvais aussi me désengager de situations que je laissais diriger ma façon de penser.

J'ai compris que je lui téléphonais presque toujours à propos d'un fait imaginaire que j'avais exagéré par la suite. Dans nos relations, plusieurs recherchent trop facilement des preuves d'inattention plutôt que des évidences de l'amour présent. Bien sûr, j'ai parfois été traitée sans amour, mais est-ce que la réplique « Et après? » n'est pas plus sensée que de plonger dans le fossé avec moi? Avec du recul, je le crois.

Tôt au début de mon mariage actuel, un mariage d'amour qui dure depuis plus de vingt-cinq ans, j'avais l'habitude de surveiller attentivement des signes de l'amour de mon mari, et je réclamais constamment des exemples de son attention. Mon mari et moi essayions tous les deux de savoir comment nous comporter pour réussir un mariage et, au début, nos méthodes ne se ressemblaient guère. Il avait grandi dans une famille où aucun des enfants n'avait reçu beaucoup d'attention, peut-être parce qu'ils étaient huit. J'avais grandi dans une famille où la colère était courante. Nous étions comme deux navires qui se croisaient dans la nuit. J'avais peur de mon « invisibilité ». Il ne savait pas trop comment démontrer son attention. De toute évidence, nous avons appris comment nous rencontrer à mi-chemin. Ce ne fut pas sans peine, sans une bonne dose de patience, et sans l'engagement de persévérer.

J'ai aussi appris la valeur du « Et après? ». J'en suis venue à comprendre que la plupart des problèmes de mon mariage et du reste de ma vie ne nécessitaient pas qu'on en fasse la dissection.

Je sais que le parcours de ma vie consiste à apprendre comment faire face aux situations qui m'ont déroutée dans ma jeunesse. Je sais que les gens qui m'ont accompagnée dans ce voyage, tous, à partir des supposés auteurs de manques d'égards à l'amie qui m'a dit « Et après? », ont fait partie du grand plan de ma vie. Je suis prête à parier que c'est aussi votre cas. Je sais aussi que les périodes de souffrance de mon passé — mon enfance, mon premier mariage, ma période de dépendances — ont toutes contribué de façon nécessaire à faire de moi la femme que je suis devenue.

En considérant n'importe laquelle de mes expériences, ou toutes à la fois, je vois que j'aurais bien pu dire « Et après? » à chacune. Aucune expérience n'était là pour me détruire. Mon esprit était le coupable. Je l'ai laissé gouverner mes émotions, et beaucoup trop souvent mes actions. Si j'avais su, enfant, ou même jeune adulte, ce que j'allais éventuellement pouvoir glaner du commentaire de ma bonne amie, je me serais épargné bien des heures d'apitoiement.

Vous avez toujours le choix entre vous accrocher et lâcher prise. La prochaine fois que vous commencerez à vous sentir un peu trop victime de la vie, dites-vous à vous-même: « Et après? » et ressentez à quel point l'anxiété disparaît.

3

Lâchez prise sur les résultats

$\mathcal{P}$EU IMPORTE CE QUE NOUS FAISONS ou à quel point notre action est parfaite, le fait demeure que nous n'avons jamais le contrôle sur les résultats d'une action. Cette idée nous échappe bien souvent. Même en sachant que nous ne pouvons pas compter sur un résultat particulier, nous avons tendance à croire que les choses se règleront comme nous l'avons planifié. Si ce n'est pas le cas, nous chercherons à blâmer quelqu'un. Certains d'entre nous sont passés maîtres dans l'art de se blâmer, pour ensuite éprouver sans raison de la culpabilité ou de la honte. C'est dire à quel point il est difficile de croire que nous ne sommes pas maîtres des résultats.

C'est probablement à cause de notre condition humaine que nous assumons que ce qui est arrivé dans le passé se reproduira dans une situation semblable. Quand un certain résultat s'est répété des milliers de fois, nous avons tendance à croire que la même chose se répétera, mais il n'y a aucune certitude que cette prochaine expérience nous donnera le même résultat — et lorsque c'est le cas, nous nous sentons trahis, confus, voire stupides. Il est certain que nous avons tendance à nous croire entièrement responsables de « l'échec ».

Mais sommes-nous responsables du fait que la vie est imprévisible, que nous ne sommes pas maîtres des résultats ? Bien sûr que non. La seule chose exigée de nous, c'est l'effort.

DÉVELOPPER DE NOUVEAUX COMPORTEMENTS

> • *Vous n'êtes responsable*
> *que de l'effort, rien de plus*

Je peux pratiquement entendre certains d'entre vous se moquer. Lorsque j'ai été initiée à cette idée, je me suis moquée, moi aussi. Comment pourrais-je ne pas être responsable de ce qui pourrait arriver par la suite dans un projet qui me concerne, surtout si je suis celle qui l'a initié ? Cela était contraire à tout ce que j'avais appris !

Je sais que je ne suis pas la seule à penser ainsi. La plupart d'entre nous apprennent tôt à confondre effort et résultat. Nous apprenons que nous devons toujours finir ce que nous commençons — et obtenir de bons résultats! Si nous n'apprenons pas cette leçon dans notre famille d'origine, nos patrons et nos lieux de travail verront généralement à nous l'apprendre rapidement. Nous sommes louangés pour être extrêmement responsables, et critiqués pour ne pas l'être suffisamment. Est-il surprenant alors que nous devenions aussi axés sur les résultats? Il faut du courage pour faire la différence entre faire un effort responsable et prendre la responsabilité du résultat, et comprendre aussi nos limites et le rôle de Dieu.

J'ai entendu pour la première fois parler de l'idée que « c'est l'effort et non le résultat » dans des réunions de programmes Douze Étapes. J'ai immédiatement eu l'impression que je pourrais trouver un grand soulagement dans cette approche de la vie, mais je n'étais pas certaine de pouvoir y adhérer. J'ai toujours été tellement orientée vers les résultats et, de plus, cela fonctionnait peut-être dans le cadre des Douze Étapes, mais qu'en était-il pour les autres domaines de ma vie? Est-ce que je ne serais pas toujours jugée selon les résultats, surtout si le résultat était « négatif»?

Oui, peut-être, mais comme j'ai eu tôt fait de l'apprendre, ce n'est pas une excuse pour entretenir l'illusion de contrôle. Où que nous regardions, nous trouvons des gens qui continuent de confondre effort et résultat. Chaque fois que nous travaillons avec d'autres sur un projet, ils auront tendance à mal saisir où commence et où se termine notre responsabilité. C'est pour nous une occasion de mettre en pratique notre petit aphorisme: seul l'effort que nous mettons dans un projet ou dans une action nous appartient, rien d'autre. La seule chose dont nous pouvons vraiment être responsables, c'est notre effort, et seulement pour la partie du projet qui doit spécifiquement être accomplie par nous. Par la suite, nous devons lâcher prise, peu importe ce que pourraient penser ou dire nos collègues ou nos acolytes. Ce ne sera pas facile — et nous pourrions nous exposer à la critique — mais c'est la bonne chose à faire.

Plus tôt dans le livre, j'ai fait référence à des « partenaires d'apprentissage », ou à des personnes qui cheminent à nos côtés, au travail ou dans nos loisirs, à la maison ou ailleurs, surtout en raison des leçons que nous devons apprendre et nous enseigner mutuellement. Nos partenaires d'apprentissage nous donnent l'occasion de partager nos perceptions de ces situations qui nous concernent tous les deux, sans nous attendre à ce que nos perceptions soient bien accueillies.

Lorsque nous travaillons avec un partenaire d'apprentissage qui n'a jamais agi selon le principe que nous pouvons seulement prendre la responsabilité pour notre effort, non pour le résultat, nous en venons à comprendre quelle partie de l'expérience est la nôtre et quelle partie appartient à Dieu. Nos actions ont aussi le pouvoir d'ouvrir les yeux de nos collègues. En ne prenant la responsabilité que pour notre effort, nous permettons aussi à l'autre personne de trouver un peu de soulagement et de paix.

• *Ne regardez pas plus loin que le bout de votre nez*

À ce stade, vous avez sans doute entendu et lu, peut-être plusieurs fois déjà, que nous devons vivre strictement dans le moment présent si nous voulons être heureux. Il vaut quand même la peine de le répéter. En fait, chaque fois que nous entendons ou lisons ce principe, cela nous rappelle de nous y conformer. Nous savons tous que cela demande de la pratique!

La plupart d'entre nous sont passés maîtres dans l'art de vivre dans le futur. Enfants, nous rêvions du jour où nous conduirions une voiture. Adolescents, nous avions hâte d'aller au collège, de nous marier, ou les deux. Dès que nous sommes entrés sur le marché du travail, nous avons pensé à la première promotion, puis à la suivante. Regarder vers l'avenir peut certainement comporter ses aspects positifs. Nous devons prévoir où nous voulons aller dans la vie, tant côté travail que personnel, afin de nous préparer correctement. Le problème apparaît lorsque nous vivons dans le futur plutôt que de nous concentrer sur notre expérience actuelle; ce faisant, nous passons totalement à côté de l'enseignement quotidien que nous donne notre vie.

En même temps que nous sommes si absorbés dans des projets d'avenir, nous avons aussi tendance à être rappelés par le passé. En fait, comme nous venons d'en discuter, nous nous fions généralement au passé pour interpréter ce qui nous arrive présentement. Mais dès l'instant où nous retournons dans le passé pour édifier le moment présent, nous perdons de vue le moment présent. Celui-ci n'attendra pas que nous lui portions attention, que nous l'appréciions, que nous en tirions des leçons et que nous en soyons reconnaissants. Il ne le peut pas. Il est parti en un instant, ce même instant où nous laissons notre esprit vagabonder dans un autre temps et vers un autre lieu.

Peu importe si c'est devenu un cliché, cela n'en est pas moins vrai : être ailleurs qu'ici, dans le présent, nous prive indéniablement de la paix que chacun de nous mérite. Lorsque notre esprit s'envole vers le passé ou anticipe l'avenir, nous perdons la chance d'avoir la paix intérieure et nous nous retrouvons dans le regret ou la peur. Même si nos attentes ou nos souvenirs sont joyeux, nous ratons l'expérience très spéciale et divinement choisie qui nous a été donnée maintenant et seulement maintenant. Ce qui nous arrivera dans un moment sera une chose tout à fait différente.

Permettez-moi de vous rappeler mon expérience avec le membre du comité de ma thèse de doctorat. Si, à ce moment-là, j'avais laissé tout échec passé ou ma peur incessante de l'avenir prendre le dessus dans mon esprit, notre entretien n'aurait pas été fructueux. Je n'aurais probablement pas reçu mon diplôme, à moins de réécrire ma thèse. De plus, je n'aurais pas ressenti la présence absolue de Dieu, qui, selon moi, attend toujours « qu'on prenne conscience de sa présence » à chaque instant.

Pour une raison ou une autre, j'ai été capable de prendre une profonde respiration et de faire confiance seulement au moment présent.

Nous avons un certain nombre de moments à vivre, et rien ne nous garantit que nous vivrons après celui-ci. Aucune boule de cristal ne peut prédire combien de temps il nous reste à vivre. Par contre, si nous nous enveloppons dans le moment présent, comme dans une chaude douillette, nous serons en paix. Nous vivrons exactement de la manière voulue par Dieu. La récompense qui vient en choisissant cette façon de vivre, c'est que nous ne douterons jamais de la volonté de Dieu à notre égard. Nous ne vivrons plus jamais dans la peur. Maintenant est synonyme de paix. En cas de doute, enveloppez-vous dans la douillette et vérifiez cette hypothèse.

• *Cessez de vous inquiéter de l'avenir*

La plupart d'entre nous ont entendu trop d'histoires tragiques sur des amis qui sont décédés subitement, et je me demande toujours (vous aussi, peut-être) s'ils avaient du plaisir au moment de leur mort. Vivaient-ils dans l'instant présent ou s'inquiétaient-ils d'un événement à venir, ou se tracassaient-ils pour le résultat d'un projet déjà en marche?

L'inquiétude est un état d'être qui n'est possible que lorsque nous ne vivons pas le moment présent. C'est la preuve que nous anticipons un avenir qui,

selon nous, sera pareil à notre passé et aux expériences douloureuses que nous ne voulons pas revivre.
Nous nous inquiétons, car nous ne sommes pas certains de la disponibilité de Dieu. Était-il là dans le
passé et nous n'aurions pas suivi ses conseils? Nous
pouvons être certains que Dieu était là. Mais nous,
nous n'y étions peut-être pas; nous faisions peut-être
de la projection vers le futur, comme nous le faisons
maintenant.

Notre esprit ne peut se concentrer que sur une
seule pensée à la fois. Est-ce que nous cultivons
l'inquiétude ou la présence de Dieu?

Dieu est disponible maintenant. Dieu sera aussi
disponible dans l'avenir lorsque nous y serons. Nous
devons cependant nous rappeler que la présence de
Dieu ne peut se faire sentir, sauf instant par instant, et
cela signifie que nous devons être présents à chaque
instant. Devancer ce moment en ce qui a trait à nos
relations, notre travail, nos rêves et nos aspirations
nous empêche carrément de connaître Dieu. Si nous
nous concentrons à rester avec Dieu dans chaque
moment, nous ne connaîtrons pas la peur; nous sau-
rons, avec certitude, que nous n'avons absolument
aucune raison de nous inquiéter.

Si je semble n'avoir qu'une idée en tête, c'est en
effet le cas. Ma propre expérience a été pour moi un
excellent professeur. En ma qualité de mentor pour un
certain nombre de jeunes femmes, je dis souvent:
« N'allez pas plus loin que le bout de votre nez. » Voilà
un excellent rappel quand nous faisons de la projec-

tion, et cela nous ramène rapidement au moment présent. Je suggère aussi que, lorsque des pensées à propos de l'avenir viennent à notre esprit, nous devons nous imaginer les chasser au loin. Cela peut sembler ridicule, mais c'est efficace. Je le fais ainsi depuis des années.

Dans mon travail d'écrivaine et de conférencière, mon emploi du temps est souvent très chargé. Si je me mets à penser à chaque activité à mon agenda, ou même juste à une qui aura lieu dans quelques semaines, la peur peut me gagner et je peux me senir débordée (deux émotions inutiles si j'ai fait mes recherches et si j'ai préparé les grandes lignes de ma causerie). À ce stade, il est temps de retourner au *moment présent.*

Chaque fois que je laisse l'avenir, plutôt que le présent, prendre le dessus, je me prive de la paix du moment. J'essaie alors de suivre la suggestion que j'ai déjà faite : je chasse mes pensées au loin pour libérer mon esprit, et je retourne, encore une fois, à la confiance que Dieu m'aidera à gérer tout ce que je me suis engagée à faire, lorsque arrivera le moment d'agir.

Dans les réunions Douze Étapes que je fréquente, on répète souvent le slogan : *Garde ça simple.* Ces trois mots peuvent changer une vie. Si nous restons dans ce moment, où Dieu se trouve toujours, toutes les réponses que nous cherchons se manifesteront d'elles-mêmes, et aucune inquiétude ne pourra nous prendre en otages.

• *Trouvez la joie ici et maintenant*

Comment cette idée diffère-t-elle de celles dont nous venons de discuter? Je veux insister ici pour dire que nous sommes les artisans de notre joie, et nous la créons plus facilement lorsque nous reconnaissons Dieu. J'ai tendance à dire que reconnaître Dieu est un exercice nécessaire. C'est du moins ce que j'ai constaté. Comme je l'ai déjà dit, notre esprit ne peut penser qu'à une seule chose à la fois. Si Dieu est cette pensée, chaque expérience a le pouvoir de faire naître de la joie en nous.

Bien sûr, je sais bien qu'il se produit des drames, et personne n'est à l'abri. Mais si nous permettons à Dieu de s'occuper de quoi que ce soit qui arrive et de nous réconforter en même temps, nous deviendrons conscients que toutes les expériences sont orchestrées; elles sont des fragments d'un plus grand ensemble, et le rôle de chaque personne est nécessaire.

Je ne veux pas insinuer que Dieu nous inflige des drames pour nous enseigner quelque chose. En fait, je crois que ce n'est jamais le cas. Par contre, nous avons tous déjà constaté que de « mauvaises choses arrivent à de bonnes personnes » et, dans ces cas-là, si nous nous tournons vers Dieu pour demander conseil, compréhension et acceptation de ce qui nous arrive, nous connaîtrons la paix de même que la joie, au moment opportun.

La joie nous est toujours disponible, un moment à la fois. Par contre, nous devons garder notre esprit ouvert et porter attention. Un esprit fermé ou un esprit envahi par la peur ou le jugement ne connaîtra jamais la joie. Une rose rouge qui commence à éclore, un saule qui se balance dans le vent, l'arc-en-ciel qui vient après la pluie, la rosée qui brille sur chaque brin d'herbe au petit matin, un bébé qui fait ses premiers pas — tous ces moments contiennent un potentiel de joie. Chaque moment de chaque jour, nous pouvons voir la manifestation de Dieu partout. Et nous pouvons déborder de joie devant cette évidence, si nous le voulons. La décision nous appartient.

4

Changez votre façon de penser

CHANGER SES PERCEPTIONS est un outil que j'ai découvert dans *Un cours en miracles*. Dans ce cours, on définit un miracle comme rien de plus qu'un « changement de perception ». Toutes les pensées que nous nourrissons sur une base quotidienne sont fugaces et aucunement nuisibles. En fait, certaines sont positives et aidantes, pour nous-mêmes et pour les autres. La leçon importante à retenir de ce principe est de reconnaître notre pouvoir de prendre en charge notre façon de penser et, si elle ne nous est d'aucune aide, d'être prêts à la changer.

Ce livre est entièrement fondé sur la prémisse que si vous n'aimez pas votre façon de penser, surtout si elle nuit à vous-même ou aux autres, vous pouvez la changer! Quelle idée simple! Est-elle vraiment réalisable? Bien sûr que oui. Cela ne veut pas dire vivre dans le déni de la « réalité ». Cela veut simplement dire que nous n'avons pas à cultiver quelque pensée, mauvaise ou bonne. On dit que nous donnons du pouvoir à chaque pensée qui nous traverse l'esprit, et elle détermine, avec notre « bénédiction », quelle sorte d'expérience nous vivrons. J'ai certainement pu en constater la véracité. Poursuivez la lecture.

DÉVELOPPER DE NOUVEAUX COMPORTEMENTS

* *Reconnaissez que*
vous choisissez vos pensées

Lorsque j'ai été initiée à cette idée, je n'ai simplement pas pu en apprécier la puissance. J'étais convaincue que mes pensées étaient soit « simplement là », flottant dans l'atmosphère et attendant que je les saisisse, soit qu'elles étaient causées par les actions, les opinons ou les paroles de quelqu'un d'autre. Je n'en étais certainement pas responsable. Et même si j'en étais responsable, et après ? Ce qui est, est. Ou du moins, je le croyais.

Vivre cette irresponsabilité pendant plus de trente ans, ne pas être responsable d'aucune de mes pensées, m'a permis de me complaire dans la gêne, l'insécurité, l'apitoiement et l'indécision. Ce qui a donné libre cours à ma colère et m'a convaincue que j'avais toujours été traitée injustement. Et cela a nourri la peur constante qui m'avait ainsi prise en otage. En n'exerçant pas le pouvoir de changer mes pensées, je passais sans cesse à côté des leçons que j'aurais pu apprendre, et que j'avais besoin d'apprendre par des échanges honnêtes avec d'autres personnes.

L'idée que j'étais responsable de mes pensées voulait dire que je ne pourrais plus blâmer les autres pour ce qui m'était arrivé, ce qui était à la fois affolant et humiliant. Je devrais prendre la responsabilité de changer ma vie; je ne pourrais plus blâmer mes parents, mon mari ou mes amis. Je n'aurais plus d'excuse ni d'échappatoire.

Une fois passée ma résistance initiale, nourrie par les peurs d'un nouveau comportement, j'ai commencé à comprendre que ce savoir — que nous choisissons nos pensées et que nous l'avons toujours fait, même celles qui sont laides et mesquines — pouvait nous donner une très grande force. Par exemple, cela veut dire que personne ne peut nous rabaisser et nous empêcher de nous relever. Cela veut dire que personne ne peut faire un échec de quoi que ce soit que nous tentons. Cela signifie que nous sommes aussi intelligents que l'est notre désir de faire le travail de préparation. Cela veut dire que nous pouvons changer toute expérience que nous vivons en cours de route. Tout ce qu'il faut faire, c'est changer notre façon de penser.

Nos pensées déterminent qui nous sommes, comment nous nous percevons physiquement, mentalement, spirituellement et émotionnellement; comment nous percevons les autres; et comment nous planifions et vivons notre vie sur une base quotidienne.

Sommes-nous assez brillants? Sentons-nous que Dieu est notre compagnon? Est-ce que nos peurs dictent notre comportement?

Nos pensées déterminent aussi si nous considérons nos compagnons de façon positive ou négative. Ce que nous nous souvenons du passé, un passé qui n'est plus, n'est souvent pas très utile, même si certains souvenirs peuvent être bons. Les prochaines vingt-quatre heures se dérouleront comme un reflet de nos attentes, qui, bien sûr, sont contrôlées par nos pensées. Vivre dans le moment présent nécessite ultimement que nous laissions le passé là où il est.

Emmett Fox a fait un jour cette réflexion que tout le monde connaît, avec une légère modification, de *Cogito, ergo sum:* « Tu es ce que tu penses ». C'est vrai. Nos pensées sont tout. Rien n'existe sans que nous n'y ayons d'abord pensé. Je pousserais encore un peu plus loin l'idée de monsieur Fox: « Et si je n'aime pas ce que je suis, je dois être prêt à changer ma façon de penser. »

Par extension, alors je ne peux être que ce que je pense être capable d'être. Par contre, et ceci est très important, je peux développer des moyens qui étaient inimaginables autrefois en faisant l'effort de changer les pensées qui m'ont tenue en otage. Cela est vrai pour nous tous. Si je veux mener une vie paisible, comme je le souhaite, je sais ce que je dois faire. Et vous, le savez-vous?

• *Si vos pensées vous rendent malheureux, changez-les*

Nous comprenons avec difficulté, à moins de nous être engagés sur un chemin spirituel, que rien n'est vrai à l'exception de nos pensées, et elles créent la réalité que nous percevons. Et si nous n'aimons pas notre réalité, nous pouvons la changer. Nous avons tendance à nous accrocher à nos vieilles pensées, car peu importe à quel point elles nous rendent misérables, au moins, nous savons toujours à quoi nous attendre. Elles nous apportent la sécurité, bien que ce soit une fausse sécurité. Ou du moins c'est ce que nous croyons. Nous avons nos idées préconçues sur ce que sont les gens et les choses, peu importe à quel point nous pouvons être dans l'erreur.

Les pensées qui nous tiennent en otages nous ont été transmises par nos parents, nos éducateurs ou nos amis, et autres êtres chers. Elles ne sont pas gravées dans la pierre. Le fait est que nous pouvons nous libérer du passé et de toute pensée qui ne nous a pas réconfortés. Lorsque vos pensées ne conviennent plus à votre réalité, changez-les! Il se peut que vous deviez mettre des efforts soutenus, confronter vos pensées et vous assurer qu'elles ne vous maintiennent pas en otage d'une certaine image dépassé du monde, mais vous avez toujours le choix. À chaque instant, nous avons le choix.

• *Croire, c'est voir*

Vous savez ce qu'on dit à propos de témoins d'un accident qui peuvent se rappeler des détails tout à fait différents — non seulement des événements, mais des acteurs principaux aussi. Il n'est pas surprenant que les gens soient souvent étonnés d'entendre comment quelqu'un d'autre a vu le même événement. Il en va presque de même pour décrire une illusion d'optique. Regardez une image d'une façon et vous verrez un aspect. Inclinez légèrement la tête et un autre aspect surgira. Est-ce que cela veut dire qu'une des images est la « vraie » et que l'autre est un mirage? Pas vraiment. Est-ce que la description d'un accident par un témoin est la bonne, alors que toutes les autres sont mauvaises? Pas nécessairement. On ne peut connaître la vérité que si l'accident a été filmé.

L'idée est que les gens révisent constamment ce qu'ils voient. Cette révision est généralement inconsciente au point où on la nierait si on nous la soulignait. C'est néanmoins le cas. Quelle est la raison de ce processus de révision? Pourquoi ne pouvons-nous pas simplement voir ce qui est devant nos yeux? Nous devons considérer bien davantage que le moment présent de toute expérience pour comprendre comment se produisent ces écarts.

Bien que nous souhaitions vivre dans le moment présent seulement, nous sommes généralement influencés par ce que nous avons vu dans le passé et par ce à quoi nous voulons qu'une expérience particulière ressemble. Cette influence nuance la façon dont nous voyons les choses.

Certains peuvent demander si cela cause nécessairement un problème. Le changement est-il vraiment nécessaire? À cela, je réponds: *votre degré de paix devrait être le facteur déterminant.* Si vous êtes satisfait, il n'y a aucune raison de chercher à changer. Si vous êtes occasionnellement troublé, vous pourriez vouloir considérer des pistes de changement à votre façon de choisir ce que vous pensez et ce que vous voyez. Par contre, si vous n'êtes pas heureux et si vous êtes mal à l'aise ou avez souvent envie d'argumenter et êtes incapable de vous concentrer, il se pourrait que vous vouliez trouver une autre façon de voir le monde autour de vous. Vous pourriez, par exemple, vouloir mettre vos jugements de côté. Ou encore, vous pourriez vouloir consacrer quelques instants à éprouver de la gratitude pour les nombreux bienfaits qui sont devenus évidents avec le recul. Voir le monde d'un point de vue plus optimiste pourrait avoir un impact profond. Décider de chercher une vie plus paisible pour vous-même profitera aussi à tout le monde. Voilà ce qui est si excitant quand nous prenons cette responsabilité.

• *Chassez immédiatement vos pensées négatives*

Nous vivons comme si nous ne pouvions rien changer à notre façon de penser. Nous le pouvons.

Nous avons créé nos pensées négatives; nous les avons entretenues et nous seuls pouvons les modifier. Il n'y a qu'un obstacle qui nous empêche d'effectuer ce changement: nous-mêmes.

Il y a une façon de procéder pour changer notre façon de penser. La première étape est de consentir à abandonner un mode de pensée familier, et c'est une étape sur laquelle beaucoup trébuchent. En fait, plusieurs d'entre nous ne se rendent même pas compte que leurs pensées sont négatives. Nous pensons qu'elles sont là, tout simplement. Par contre, lorsque nous prenons conscience qu'un scénario ne fonctionne pas pour nous, la première chose à faire est de consentir à le changer.

La deuxième étape consiste à vous imaginer dans de nouvelles circonstances, peut-être à tenir un nouveau rôle, au travail, à la maison ou avec des amis. Imaginez-vous régler avec facilité un problème qui vous a déconcerté dans le passé. Voyez-vous de la façon dont vous voulez vous voir! Imaginez-vous de façon détaillée.

Permettez-moi de partager une expérience où je m'étais moi-même imaginée dans un environnement que j'allais devoir bientôt affronter. Alors que je me préparais pour mon dernier examen oral pour mon doctorat à l'Université du Minnesota, j'ai trouvé un article dans *Psychology Today*. Dans l'article, on expliquait en détail une expérience qui avait été tentée avec des skieurs qui se préparaient pour les Jeux olympiques. Un groupe de skieurs pratiquait quotidiennement sur les pentes, comme c'était l'habitude pour tous les skieurs dans le passé. L'autre groupe se voyait pratiquer, en s'assurant de descendre toutes les pentes, en se voyant manœuvrer avec succès tout au long de leur course.

Au moment des jeux, les skieurs qui n'ont fait que se projeter avec succès dans la compétition ont mieux réussi. L'étude se terminait en disant que lorsque nous nous projetons avec succès dans l'accomplissement de quelque défi, nous pouvons nous fier sur cette vision comme guide pour une deuxième réussite.

À mesure que le jour de mes examens approchait, j'ai commencé à me voir assise à la table avec tous les professeurs qui siégeaient sur mon comité. J'ai regardé chacun d'eux me poser des questions, et je me suis imaginée souriant et répondant avec succès à leurs nombreuses questions. J'ai pratiqué cette méditation pendant deux semaines avant mon dernier examen oral. Le jour où je me suis assise avec eux à la table, je me sentais tout à fait à l'aise et confiante que je pourrais répondre à leurs questions; après tout, je l'avais déjà fait!

Esquisser ce portrait de qui vous voulez être peut être très amusant. Essayez-le vous-même. La projection nous aide à devenir qui nous voulons être.

Une dernière raison pour changer notre façon de penser négative, et certains diront que c'est la plus importante, est que cela changera la façon dont nous traitons notre entourage. Mieux traiter les autres fera plus que seulement changer leur vie. Cela se répercutera à l'extérieur en cercles infinis.

5

Choisissez d'agir plutôt que de réagir

ᴇN 1971, ᴊᴇ ᴅᴏɴɴᴀɪꜱ ᴜɴ ᴄᴏᴜʀꜱ d'écriture à l'Université du Minnesota. Entre autres livres, j'ai demandé à mes élèves de lire *Why Am I Afraid to Tell You Who I am?* [Pourquoi ai-je peur de vous dire qui je suis?] de John Powell. Bien sûr, j'avais étudié le livre avant de l'assigner et, à la page 38 de l'édition que je lisais, Powell racontait une histoire qui contenait une leçon très importante pour moi et qui m'a bouleversée, même si je n'étais pas encore prête à la mettre en pratique dans ma vie.

Powell et un ami se baladaient dans une rue de New York, une marche qu'ils avaient faite à maintes reprises. Ils se sont arrêtés devant un kiosque de journaux pour acheter le quotidien, au même kiosque où l'ami de Powell s'arrêtait toujours. Le vendeur a été extrêmement impoli, malgré le généreux pourboire qu'il a reçu. Après s'être éloigné, Powell n'a pas pu s'empêcher de demander à son ami pourquoi il était si gentil envers un vendeur qui était pratiquement toujours grossier. Il a répondu: « Pourquoi devrais-je le laisser décider du genre de journée que je vais passer? »

J'ai été estomaquée de sa réponse. Ma première idée a été que j'avais le choix de la façon dont je réagissais aux autres, et que je pouvais réinterpréter, si je le voulais, la plupart des expériences de ma vie. Depuis mon enfance, j'avais observé le visage des autres pour voir des indices de ma valeur et, dans ma famille d'origine, la plupart des visages étaient sérieux ou ne regardaient même pas dans ma direction. Quand on critiquait mon comportement ou quand les paroles qu'on m'adressait semblaient sévères — et plusieurs l'étaient —, ma confiance et ma propre estime s'en trouvaient diminuées un peu plus. Si on ne me parlait pas directement dans les yeux, je me sentais souvent invisible, car je cherchais le contact visuel et j'en avais si peu.

Pendant des années, je me suis jugée uniquement sur les stimuli externes que je recevais. Lorsque je n'étais pas comblée de soins affectueux, et c'était rarement le cas, je me sentais découragée et souvent humiliée. J'ai peine à admettre que je me suis comportée de cette façon pendant des années. Ce que je sais aujourd'hui avec gratitude, c'est qu'aucun comportement, que ce soit celui d'un parent, d'un ami, d'un mari ou d'un patron, ne peut contrôler la façon dont je me sens ou comment j'agis. J'ai mis du temps à comprendre cela, et encore plus pour l'accepter comme une vérité, et plusieurs années de travail acharné pour l'adopter pleinement; par contre, cela m'a donné une liberté que je chéris et à laquelle je ne renoncerai jamais.

DÉVELOPPER DE NOUVEAUX COMPORTEMENTS

• *Cessez de trop dépendre de l'opinion des autres*

Beaucoup d'entre nous ont appris tôt à réagir à la vie et aux circonstances plutôt que d'agir par eux-mêmes. Nous avons appris à laisser le comportement des autres nous dicter comment nous allions nous sentir face à nous-mêmes. Il faut beaucoup de détermination pour faire un choix conscient d'agir et non de réagir. Il faut vouloir être plus responsables de nous-mêmes, et nous engager à rester indépendants, non dépendants, de l'opinion des autres pour établir la somme et l'essence de qui nous sommes. Ce peut être un pas énorme pour plusieurs d'entre nous.

Notre décision de prendre la responsabilité de qui nous sommes et de ce que nous nous permettrons de ressentir et de dire lors de toute rencontre nous prépare à des relations beaucoup plus saines. Il faudra en faire une habitude, et nos partenaires pourraient ne pas aimer notre nouvelle « indépendance », car cela voudrait dire qu'ils ne pourraient plus contrôler notre comportement. Mais à la longue, se soustraire au contrôle des autres s'avère une très bonne chose pour toutes les parties. Chaque fois que vous mettez en pratique ce nouveau comportement, vous en retirez un sens de pouvoir personnel dont vous ignoriez totalement l'existence.

Tirer parti des nombreuses occasions d'agir qui se présentent jour après jour, plutôt que de réagir aux vents et marées de notre vie, nous soulage de notre peur de fréquenter des gens qui veulent nous abaisser ou nous ignorer, ou qui sont simplement mesquins.

Loin de moi l'idée de suggérer qu'apprendre comment agir plutôt que réagir ne soit utile que lors des rencontres difficiles. Il est tout aussi important de prendre le contrôle de notre comportement dans toute interaction avec des gens qui sont aimants et d'un grand soutien. La leçon à apprendre ici est que nous sommes capables de déterminer comment nous voulons réagir dans chaque situation, puis agir!

* *Évitez la réaction impulsive,*
elle est presque toujours mauvaise

Cette suggestion semble si simpliste que j'ai pensé de ne pas en parler. Mais mes propres expériences me rappellent cependant que c'est si important qu'il ne faut pas l'omettre.

Dans ma famille d'origine, les réactions impulsives étaient fréquentes, et souvent coléreuses. Malheureusement, mon frère et moi étions le plus souvent l'objet des attaques et, comme résultat, j'ai dû refréner mes instincts lorsqu'il fut temps d'interagir avec d'autres. J'ai vite compris que prendre le temps de bien réfléchir avant de réagir était presque toujours plus profitable qu'une réaction impulsive. Nos réactions impulsives, même si elles ne sont pas toujours mauvaises, sont également imprévisibles. Parfois, elles seront appropriées, mais la plupart du temps, elles enveniment la situation. Ce n'est que face à un danger imminent que nous devrions faire fi de toute prudence et réagir rapidement. Et même là, le meilleur choix est de réfléchir sérieusement avant d'agir.

Maintenant, comment éviter les réactions impulsives? En prenant une profonde respiration avant toute chose. Cela semble si simple, si évident, et pourtant, c'est l'approche qui réussira chaque fois. Prenez simplement une profonde respiration et observez le changement dans votre façon de penser. Vous vous sentirez moins émotif et vous prendrez conscience d'une paix intérieure qui n'était pas là auparavant.

La combinaison d'une nouvelle perspective, d'une plus grande clarté émotionnelle et d'une impression de paix intérieure nous assure de prendre une bonne décision, et nous permet d'apporter une aide plus cohérente dans des situations difficiles ou éprouvantes. Un autre avantage à prendre une bonne respiration avant de réagir est qu'une respiration profonde réduit toujours notre niveau de stress, ce qui peut grandement contribuer à nous maintenir en santé à long terme. Enfin, et à mon point de vue le plus

important, en réagissant « paisiblement » le plus souvent possible, nous contribuons à la paix et au bien-
être de tout notre entourage.

La réaction paisible est un exemple merveilleux
pour les autres, et leur apprend qu'ils peuvent, eux
aussi, réagir paisiblement lorsque l'occasion se
présente.

• *Détachez-vous des affaires des autres*

Nous ne sommes pas sur cette terre pour nous
mêler des affaires des autres, peu importe à quel point
l'idée puisse être attrayante. Chacun doit suivre son
propre parcours, et même lorsqu'il semble qu'une personne que nous aimons prend une mauvaise décision
sur une question importante, à moins qu'on nous
demande notre avis, ce n'est pas notre rôle de le donner. De plus, nous occuper de nos propres affaires
nous tiendra bien assez occupés.

Le détachement, un mot qui ne vous est peut-être
pas familier dans le contexte des relations, est la seule
position à prendre. Si vous avez la tentation de corriger, contrôler ou juger ce que fait une autre personne,
ou ce qu'elle projette de faire, détachez-vous. C'est la
chose aimante à faire. Même si vous croyez que les
projets de l'autre sont dangereux ou imprudents, ce
n'est toujours pas votre responsabilité d'essayer de lui
faire changer d'avis.

Cette idée de détachement peut sembler très étrange. Nous croyons qu'il est utile et généreux de nous mêler de la vie des autres; nous voulons leur montrer la bonne solution à un problème, ou la méthode à suivre pour résoudre un conflit. Nous voulons les « sauver » des erreurs que nous avons faites, leur permettant ainsi d'éviter certains chagrins que nous avons éprouvés. N'est-ce pas de la compassion de notre part? Qu'y a-t-il de si mal à cela?

Ce qu'il y a de mal, c'est que nous les empêchons d'apprendre ce qu'ils doivent apprendre et d'agir par eux-mêmes. Nous ne pouvons connaître le monde que si nos yeux, notre esprit et notre cœur l'ont expérimenté. Nous devons accepter que les gens autour de nous se fient à leurs yeux, leur esprit et leur cœur pour voir le monde qu'ils doivent voir afin de connaître les leçons qu'ils sont ici pour apprendre. Même si nous comprenons leur situation mieux qu'eux parce que nous sommes objectifs, nous n'avons pas plus le droit ou la responsabilité de diriger leurs actions. Ils sont venus ici pour faire leur propre apprentissage, nous sommes venus ici pour faire le nôtre.

Je me souviens encore de la première fois que j'ai entendu que nous « sommes ici pour des leçons précises ». C'était au tout début de ma recouvrance de la dépendance. Je venais d'apprendre l'idée que chacun de nous a un parcours spirituel unique, différent de tous les autres; que nous rencontrons ceux que nous devons rencontrer pour apprendre ce que nous devons apprendre. En vérité, cette idée m'a donné un peu froid dans le dos. Au début, je ne pouvais penser qu'aux nombreuses fois où je l'ai échappé belle, les nombreuses fois où j'ai trompé la mort, et je ne pouvais pas voir comment ces expériences auraient pu être utiles.

Heureusement, j'avais une bonne amie qui m'a simplement suggéré de ne pas essayer de comprendre, mais plutôt de mettre mon incrédulité de côté et d'agir comme si j'étais d'accord. Elle m'a suggéré de commencer par exprimer ma gratitude pour chaque expérience que j'ai vécue, et que le fait d'honorer toutes les personnes dans ma vie, passées et présentes, comme des « enseignants » nécessaires me permettrait de voir mes expériences sous un nouveau jour. Elle avait parfaitement raison.

La gratitude pour ce qui a été et pour ce qui est, sans égard aux circonstances, est un outil très puissant qui peut transformer notre vie et la vie de tout notre entourage. De plus, nous devons permettre à tous ceux qui cheminent à nos côtés d'expérimenter leurs leçons sans que nous y interférions, et de développer leur propre gratitude si, collectivement, nous voulons accomplir les contributions pour lesquelles chacun de nous a été choisi.

• *Cessez de chercher à blâmer quelqu'un — y compris vous-même!*

Je me rappelle très bien le refrain de mon enfance : « C'est lui qui m'a dit de le faire. » Chaque

fois que je faisais quelque chose qui méritait une puni-
tion et que je voulais éviter la fessée, je refilais le
blâme à mon jeune frère. Cela fonctionnait rarement,
bien sûr, et ce fut heureux pour mon frère. Par contre,
il m'a fallu du temps pour apprendre que blâmer les
autres était plus que simplement mal; c'était mal-
honnête, irrespectueux et déshumanisant; pire, cela
m'empêchait de poursuivre la croissance que je méri-
tais et à laquelle je ne pouvais parvenir qu'en prenant
la responsabilité de mes propres actions.

Vous avez peut-être cessé de blâmer les autres
pour vos erreurs, mais ce n'est pas le cas pour plusieurs d'entre nous. La leçon importante, si vous ne
l'avez pas encore apprise, c'est que jamais personne
n'est la cause de votre comportement, et vous n'êtes
jamais la cause du comportement d'un autre — peu
importe à quel point nous sommes tentés de prétendre
le contraire.

Nous vivons dans une société qui blâme toujours
les autres pour ses actions. Les nombreux imbroglios
militaires de notre pays au cours des années en sont
de parfaits exemples. Certains diront que notre pays
n'a pas le choix quand il s'agit de questions comme la
guerre, mais au contraire, il y a toujours un choix, bien
que difficile. De même, nous justifions nos nombreuses disputes individuelles par la façon dont nous percevons les actions de quelqu'un d'autre. Notre
réticence à assumer la responsabilité de qui nous
sommes, de notre façon de penser et de nous comporter, nous empêche d'avancer, et le cycle continue.
Rien ne change si rien ne change.

C'est pourquoi il est si important de vous rappeler que vous avez toujours le choix, une occasion de vous changer et, ce faisant, d'encourager le changement chez les autres par votre exemple. Pensez-y la prochaine fois que vous aurez une interaction avec quelqu'un. Chaque échange nous donne une occasion de révéler notre volonté d'être entièrement responsables de nous-mêmes ou d'y résister. En choisissant d'accepter cette responsabilité, vous vous sentirez libéré en même temps des attentes et d'avoir à vous comporter toujours de la même vieille façon, en plus d'être conscient de votre pouvoir personnel, non seulement lors de telles circonstances mais lors de toutes les situations interpersonnelles futures.

Une partie du développement de ce nouveau muscle consiste à refuser d'accepter le blâme pour le comportement des autres, et à renoncer à l'habitude de les blâmer pour vos actions. Vous pouvez me croire, cela transformera votre vie. Ne vous méprenez pas ; ce n'est pas facile. Les vieilles habitudes ont la vie dure. Par contre, vous avez le reste de votre vie pour devenir la personne que vous étiez censé être. Ne soyez pas impatient envers vous-même. Ou envers quiconque, en fait.

Pourvu que vous fassiez des progrès — et vous le saurez par le degré de liberté que vous ressentirez en présence des autres —, vous êtes certain d'arriver à la destination déjà choisie pour vous. Votre exemple démontrera aux autres qui préfèrent encore jouer au jeu du blâme qu'il y a une autre façon de vivre sa vie, une façon qui favorise la paix et cultive la gratitude.

• *Ne laissez pas les sautes d'humeur*
des autres déterminer
comment vous vous sentez

Le fait d'avoir été élevée par un père colérique et une mère passive qui était la martyre par excellence m'a très bien préparée à laisser les sautes d'humeur des autres dicter mes sentiments. Mon père demandait sans compromis que nous croyions tous en ce qu'il croyait, que nous partagions chacune de ses opinions rigides, et que nous vivions selon ses lois. J'ignorais totalement que j'avais d'autres choix.

Jusqu'à ce que je commence à me rebeller. Entre quatorze et trente-six ans, j'ai été la rebelle de la famille, celle qui livrait les batailles que personne d'autre n'osait livrer avec mon père. Pendant cette période, j'ai fait de nombreux choix qui étaient totalement contraires à ceux que mon père aurait faits pour moi.

Je ne suis pas particulièrement fière de cela — il y a de meilleures façons de s'affirmer que par toute cette rébellion douloureuse — mais j'en parle, car cela illustre parfaitement comment je permettais à l'humeur d'une autre personne de contrôler la mienne, et mon comportement subséquent. Je soupçonne maintenant que mon père souffrait de dépression et même s'il n'était pas clairement un alcoolique, il présentait aussi un grand nombre des symptômes communs dans une famille alcoolique. Son comportement était le résultat de ses gènes et d'un entraînement, tout comme l'était le mien.

Tout cela peut sembler familier. J'ai fait référence à ce syndrome de réaction au comportement d'une autre personne dans un chapitre précédent. J'en parle de nouveau en raison de la gravité du problème. Les enfants et les adultes sont prisonniers des sautes d'humeur des autres, et qu'ils décident de se rebeller comme je l'ai fait n'est pas la question ici. Ce qui arrive à une personne, puis à une communauté, lorsque les comportements sont si facilement contrôlés par les sautes d'humeur des autres, a des conséquences directes qui, à un moment, affectent une multitude de gens.

Il est très important de se rappeler que l'humeur d'une autre personne ne reflète que cette personne, personne ni rien d'autre. Ceux qui sont fréquemment d'humeur maussade ou « distante » éveillent souvent en nous un violent désir d'être aimés, approuvés ou validés. Il est facile de se laisser prendre au jeu. Par contre, nous ne pouvons pas changer l'humeur d'une autre personne, un point c'est tout. Nous ne devrions même pas essayer. Nous pouvons plutôt changer notre comportement face à ces gens. Ou nous pouvons choisir de rester loin d'eux afin de ne pas avoir la tentation de laisser leur humeur maussade déclencher une réaction impulsive plutôt qu'une réaction réfléchie.

Il n'en tient qu'à nous de déterminer notre bonheur. Personne d'autre ne le peut. Personne d'autre n'est à blâmer. Personne d'autre n'en obtient le mérite. Notre bonheur est lié à notre volonté d'être responsables de nos propres humeurs. Voilà l'une des rares certitudes de cette vie. C'est aussi une certitude que tout bonheur que nous ressentons en compagnie d'autres personnes n'est pas le résultat de leur attention, de leur bonheur, de leur chance ou de leur engagement envers nous. C'est le résultat de notre engagement envers nous-mêmes. Soyons reconnaissants de cela! Accepter ce fait, accepter que nous sommes responsables de nous-mêmes et seulement de nous-mêmes, est la clé qui fera en sorte que le reste de notre vie se déroulera comme elle était destinée à l'être.

6

Cessez vos jugements

$\mathcal{L}'$ESSENTIEL POUR FAIRE PARTIE de la solution en vue
d'un monde plus paisible est une volonté d'abandonner nos jugements. Pour cela, nous sommes tous
appelés à changer un comportement profondément
enraciné. Pour la plupart, nous sommes si habitués à
porter des jugements depuis notre enfance que souvent nous n'en sommes même pas conscients. Pire
encore, nous ne reconnaissons pas que c'est nous qui
créons les pensées dans notre esprit. Des pensées
qui émergent si subtilement que nous pouvons prétendre qu'elles ne nous appartiennent pas. Mais nous
en sommes les propriétaires et nous seuls pouvons
les écarter.

Abandonner les attitudes de jugement nécessite
que nous les remplacions par une autre attitude. Notre
esprit ne restera pas oisif. La meilleure attitude à pratiquer, et celle qui change tout et tout le monde — vous

et tous ceux que vous avez jugés auparavant —, c'est la gratitude. Afficher une attitude axée sur la gratitude nous permet de voir tous ceux qui sont sur notre route comme étant nécessaires et de voir une occasion pour nous de démontrer un amour inconditionnel. Voyez-vous, le jugement et l'amour ne peuvent pas coexister, et nous exprimons l'un ou l'autre presque tout le temps. Nous sommes rarement indifférents à nos expériences, aux personnes avec qui nous partageons ces expériences, et à toute une série d'attentes que nous avons créées autour de ces expériences. Devenir plus aimant, tenter de développer une attitude d'amour inconditionnel, voilà la véritable mission qui nous a été donnée sur cette terre. Personne ne peut faire le travail pour nous. Personne ne peut nous empêcher de faire le travail. Et chacun en profitera chaque fois qu'une personne parmi nous fera même un tout petit effort pour croître dans notre volonté d'aimer plutôt que de juger.

DÉVELOPPER DE NOUVEAUX COMPORTEMENTS

- *Vos jugements reflètent une piètre opinion de vous*

Nos jugements sur les autres révèlent nos sentiments à propos de nous-mêmes. Ils sont souvent plutôt subtils, et il est si facile de les nier, car nous croyons que nous ne pourrions sûrement pas posséder ces qualités que nous voyons chez les autres. Ces jugements ne sont jamais utiles, car ils bloquent toute expression d'amour. Ils augmentent le sentiment d'être isolés des autres, ce qui illustre le sentiment d'infériorité qui nous a conduits à juger en premier lieu.

Les jugements minent à coup sûr toute expérience que nous vivons, que ce soit à la maison, avec des amis ou avec des étrangers. Cela est peut-être difficile à comprendre, mais le jugement est toujours basé sur la peur, et tant que nous ne reconnaîtrons pas l'existence de cette peur et que nous n'en comprendrons pas l'origine, nous ne serons vraisemblablement pas libérés de nos jugements.

Heureusement, en devenant spirituellement centrés, en communiquant avec Dieu, tel que nous Le concevons, et en étant conscients de notre unité avec les autres, cela nous empêche automatiquement de porter tout jugement, qui se produit seulement lorsque nous ne sommes pas en bonne forme spirituelle. Jamais en d'autres temps. Alors, nous devons développer des sentiments d'amour et de lien pour éloigner le jugement.

Lorsque j'adopte la pratique de l'amour inconditionnel — ce qui est rarement un exercice facile, à mon avis —, je peux voir combien je ressemble à ceux qui m'entourent, et mon habitude de juger diminue. J'insiste sur le mot « habitude ». Juger devient une habitude, comme peut le devenir l'amour inconditionnel, bien que celui-ci soit plus difficile à parfaire. Un outil dont je me sers avec succès (lorsque je me rappelle de l'utiliser), c'est d'exprimer une déclaration d'amour inconditionnel à voix haute chaque fois qu'une pensée portant un jugement traverse mon esprit. Essayez cet outil la prochaine fois que vous serez tenté de juger. Dès que vous vous en rendez compte, déclarez votre amour inconditionnel. Cela fonctionne.

• *Déracinez la peur*

Examinons de plus près cette idée que la peur est toujours derrière nos jugements négatifs. Pourquoi la peur? La peur de quoi? De ne pas être à la hauteur. La peur se développe à partir de nos incessantes comparaisons avec les autres. Nous pensons que tout le monde est meilleur que nous, qu'ils « sont plus compétents ». Suite à nos sentiments de ne pas être à la hauteur, consciemment ou inconsciemment, nous voulons leur nuire, saper leur confiance et leurs aptitudes dans toute activité partagée avec eux. Nous croyons qu'en les jugeant, et de ce fait en espérant minimiser leur succès, nous nous élevons, du moins dans notre esprit, pour de brefs instants. Quelle façon de vivre insidieuse, malsaine et dénuée de spiritualité! Mais en observant notre culture, et d'autres aussi, nous pouvons constater à quel point cette façon de voir le monde est répandue.

La solution à cela et dans chaque situation de désaccord dans notre vie est la même: chercher à mieux connaître Dieu, tel que nous Le concevons, et ne faire que ce qu'Il voudrait que nous fassions.

N'oubliez pas que nous sommes aimés inconditionnel-
lement, jamais jugés, et nous pouvons transmettre ce
qui nous a été donné si librement.

Il peut être très stimulant de pratiquer l'amour
inconditionnel au lieu du jugement, si nous choisissons de voir cela comme une occasion qui nous transformera du tout au tout et qui changera également tout
notre entourage. Encore une fois, il s'agit de changer
notre façon de penser et d'observer également le
changement dans notre vie!

• **Vous êtes prisonnier de vos jugements**

Il est facile de vous dire que vous ne jugez pas,
que vous ne faites qu'observer. La plupart du temps,
c'est un mensonge. Notre esprit est prompt au jugement et, comme pour toute autre pensée, celle sur
laquelle nous nous concentrons s'amplifie. Lorsque
nous choisissons de mettre l'accent sur les défauts
des autres, les occasions ratées, le cynisme ou la
mesquinerie, ce sont ces attitudes qui sont amplifiées,
blessant tous ceux qui sont sur notre chemin et sur
leur chemin aussi.

Bien sûr, l'inverse est aussi vrai. Si nous choisissons de voir le bon chez les autres, lequel se trouve
en abondance, nous contribuerons à l'augmenter en
eux, en nous-mêmes et aussi dans nos communautés, élargissant le cercle du bien avec chaque regard.
Le choix de voir le bien est toujours à notre portée.

C'est une attitude de l'esprit que nous pouvons mettre en pratique pour le bénéfice de tous.

Heureusement, nous pouvons ressentir immédiatement les bienfaits de ce changement. Nous devrons peut-être renouveler la décision plusieurs fois par jour, mais lorsque nous choisissons de ne voir que le bien chez les autres, plutôt que de nous concentrer sur ce que nous interprétons comme leurs qualités défavorables, nous nous sentons mieux et nous augmentons notre capacité à pardonner, ce qui nourrit l'espoir. Notre niveau de confiance et de bien-être augmente et notre esprit s'élève, nous apportant une plus grande paix intérieure.

Certains diront que de voir le bon chez les autres équivaut à accomplir la volonté de Dieu, puisque c'est ainsi que Dieu nous voit tous. Il importe peu que cette croyance corresponde à votre système de croyances. Ce qui importe, c'est d'être conscients que l'humeur change lorsque nous réagissons positivement aux personnes dans notre vie plutôt qu'en les rabaissant par nos jugements, ce qui peut toujours être ressenti, même si ce n'est pas évident. En termes simples, le jugement rend notre monde plus étroit; laisser tomber le jugement l'élargit. L'un des moyens les plus faciles de changer notre façon de penser est de recourir à l'aide de Dieu, tel que nous Le concevons. Vous avez peut-être cru, jusqu'à maintenant, que certaines choses ne pouvaient jamais changer. Au contraire, nous pouvons changer tout ce que nous voulons si nous nous tournons vers la bonne source pour obtenir de l'aide. Nous devons aussi avoir la volonté de cher-

cher une autre perspective et de faire le travail nécessaire pour vraiment changer. On peut y arriver. J'en
suis la preuve vivante.

• *Vos jugements entravent vos relations*

Aussi longtemps que nous jugerons quelqu'un,
nous ne pourrons pas connaître la paix. Chaque jugement que nous portons nuit à toutes nos relations.
Cela semble peut-être exagéré. C'est voulu de ma
part, si bien que cette affirmation mérite d'être répétée. *Ce que nous faisons à une personne, nous le faisons à tout le monde.* Pendant que nous jugeons,
nous ne pouvons pas exprimer l'amour de Dieu, ni
nourrir l'idée de la paix — soit dans notre propre vie,
soit dans la vie des gens qui cheminent avec nous. En
étant prisonniers de nos pensées nuisibles, nous res-
treignons le flot naturel de notre vie aussi sûrement
que nous avons une influence dans la vie de tous ceux
qui sont près de nous.

Si les jugements sont si néfastes, pourquoi conti-
nuons-nous de juger avec tant de facilité et d'empres-
sement? La façon la plus simple de comprendre cela,
à mon point de vue, c'est de nous imaginer que notre
esprit est divisé en deux. D'un côté, nous avons l'ego
qui, selon certains, est un acronyme pour dire
« *Edging God Out* » [pousser Dieu dehors]. De l'autre
côté, il y a Dieu ou une Puissance supérieure ou la
Source de toute sagesse. Choisissez le nom qui vous
convient. Le but est que le fait de voir notre esprit ainsi

configuré simplifie la question à savoir qui j'écoute exactement à tout moment donné. J'écoute toujours une voix, une partie ou l'autre de mon esprit. La voix de mon ego est la plus forte, et elle m'éloignera toujours des gens que je fréquente. Elle ne m'amènera jamais, jamais, vers les autres paisiblement et avec amour.

Le sentiment de séparation, que nous renforçons chaque fois que nous portons un jugement injuste et sans amour, est le propre des guerres, aussi certainement que c'est le propre de chaque petit différend que nous connaissons dans notre famille ou notre communauté. Chaque fois que nous permettons à nos pensées d'être guidées par l'ego plutôt que par la sagesse qui est aussi disponible, nous créons davantage de manque d'harmonie, un manque d'harmonie qui revient et revient, jusqu'à ce qu'il emprisonne tous les êtres vivants.

Ce que nous faisons à une personne, nous le faisons à tout le monde, et tous font aussi de même! Ce cycle se poursuivra jusqu'à ce que nous fassions un effort déterminé, une pensée à la fois, pour le changer. Chaque fois que nous faisons un choix plus paisible et affirmatif, nous jouons un rôle important pour changer le monde. C'est puissant — et vrai.

• *Choisissez d'être en paix plutôt que d'avoir raison*

Allons encore plus loin dans ce concept. C'est à travers nos relations que nous grandissons, que nous apprenons les leçons que nous sommes destinés à apprendre. Caroline Myss, dans son livre *Sacred Contracts* [Contrats sacrés] affirme qu'avant notre naissance, chacun de nous décide ce qu'il veut apprendre, conjointement avec d'autres âmes, et dans le cadre de quelles expériences il apprendra des leçons précises.

Que vous soyez d'accord ou non avec cette idée, elle peut vous servir d'explication pour les nombreuses circonstances inattendues et souvent non désirées dans lesquelles nous nous retrouvons. Si nous pouvons cultiver l'idée que toutes nos expériences sont un choix, bien que nous n'ayons pas souvenir d'avoir fait ce choix, nous deviendrons de plus en plus disposés à les vivre et à les assimiler. Avec le temps, nous pourrions même en être reconnaissants, je crois.

En considérant nos relations comme étant « choisies », d'une certaine façon, nous pouvons ainsi considérer pourquoi elles sont dans notre vie, plutôt que de résister à cette présence et à juger les personnes impliquées. De cette perspective élargie, nous pouvons bénéficier d'une prise de conscience plus étendue sur pourquoi nous, et eux, sommes ici. Notre vie est remplie de tels mystères glorieux, chacun préparé selon nos spécifications. Si nous devions adopter cette idée, même pour un instant, nous verrions le passé d'une autre façon et nous serions prêts à accepter que l'avenir nous apportera également des bienfaits.

Il n'y a qu'un moyen de combler notre désir de connaître la paix, un désir que nous partageons tous, je crois, et c'est par nos expériences avec les autres.

Si nous décidons de faire ce qui est nécessaire pour vivre la paix dans une relation, nous connaîtrons miraculeusement une baisse de tension dans toutes nos relations.

Comment pouvons-nous y arriver?

La prochaine fois qu'une mésentente se dessine, optez de ne rien dire. Croyez que le fait d'être en paix est beaucoup plus bénéfique que d'avoir raison, et éloignez-vous. N'exprimez que l'amour et l'acceptation, peu importe ce que votre ego vous dicte de faire. Soyez bon, que vous en ayez envie ou non. Sinon, le désaccord qui prévaut en sera sûrement exacerbé.

Voyez chaque relation comme si c'était la seule occasion que vous aurez jamais d'agir selon la volonté de Dieu. Cela seul peut tout changer de façon positive dans votre vie. Je pense à l'expression: *la vie est courte, mangeons le dessert en premier.* Je dirais qu'offrir l'amour de Dieu, l'amour que nous avons reçu, à tous ceux que nous rencontrons est le dessert, car il adoucit chaque moment. Il adoucit aussi le chemin de nos compagnons de route.

Notre travail le plus important est la façon dont nous nous traitons, les uns et les autres. Que nous soyons pilotes de ligne, enseignants, vendeurs-représentants ou pompiers, nous n'avons vraiment qu'une tâche, celle d'exprimer de l'amour et non des jugements. C'est une décision — à laquelle nous résistons souvent, surtout lorsqu'on nous approche avec colère, un manque de respect, de l'indifférence, ou pire. L'occasion de n'exprimer que de l'amour continuera de se présenter, sous de très nombreuses formes, dont plusieurs ne sembleront pas mériter de l'amour. Voilà le vrai défi : continuer d'exprimer de l'amour lorsqu'il semble le moins mérité.

Comme je l'ai observé à plusieurs reprises, toute personne à qui vous refusez de donner de l'amour réapparaîtra, peut-être pas dans la même « peau », mais dans le contenu de son esprit. Nos relations les plus difficiles, celles que nous jugeons si durement, sont nos plus belles occasions de croissance. N'est-ce pas une énigme intéressante ? La vérité est que vous ne pouvez pas échapper aux leçons de cette vie. Après tout, vous les avez demandées.

> • *Cessez de juger —*
> *pour votre propre bien !*

Pensez à ce que vous ressentez lorsque vous critiquez quelqu'un. De la honte ? De l'embarras ? De l'étroitesse d'esprit ? Espérez-vous que personne d'autre ne vous ait entendu ? C'est mauvais. Une excellente façon d'éviter ces sentiments est d'analyser rapidement ce que vous vous apprêtez à dire. Si cela vous laisse un sentiment inconfortable de dégoût, alors taisez-vous !

Nos critiques reflètent toujours nos sentiments face à nous-mêmes ; elles masquent notre peur de ne pas être à la hauteur. L'ironie est que chaque fois que nous jugeons quelqu'un, nous renforçons ce sentiment même d'infériorité que nous essayons de fuir, ou de nier, ou de projeter sur quelqu'un d'autre. Ce comportement devient un cercle vicieux. Nous critiquons, nous avons honte, nous critiquons encore dans l'espoir d'ébranler l'autre personne, ce qui nous valorisera et diminuera notre insécurité. Cela fonctionne-t-il vraiment? Avons-nous une meilleure opinion de nous-mêmes? Non! Alors, pourquoi le faire?

Si c'est la paix que nous cherchons, soyez assuré qu'elle ne se matérialisera jamais, pour nous, pour des communautés ou pour des pays, tant que nous continuerons à remplir notre esprit de jugements.

Chaque fois que nous faisons un choix plus aimant dans la façon de nous comporter envers notre entourage, nous augmentons notre estime et notre confiance en nous-mêmes, et notre conscience de l'amour inconditionnel de Dieu; et de cela découle notre volonté à pratiquer encore de nouveaux choix. Chaque « session de pratique » change quelque chose pour au moins deux personnes: vous et la personne récipiendaire de votre bonté et de votre gentillesse. Même si chaque réflexion et suggestion de ce livre, y compris le choix d'agir dans l'amour et non par peur, a le potentiel de profiter à plusieurs personnes, le bienfait premier pour vous et moi, ici et maintenant, est que notre propre vie sera meilleure. Honnêtement, n'est-ce pas la principale raison de tout changement?

7

Rappelez-vous que
vous n'avez pas le contrôle

$\mathcal{D}$ANS CE LIVRE, NOUS AVONS PARLÉ de devenir responsables de nous-mêmes et d'abandonner le besoin de contrôler les autres. Mais l'obsession de contrôler les autres peut être très forte. On le fait avec nos enfants, nos conjoints, nos amis et même nos employés ou nos patrons. Dans certains cas, l'obsession est si compulsive que nous avons de la difficulté à fonctionner. Il y a tant de raisons à cela, bien sûr, et nous en examinerons quelques-unes dans ce chapitre, mais certainement l'une des plus courantes est que nous croyons que si nous réussissons à bien contrôler les autres, ils resteront « attachés » à nous, car ils auront besoin de notre présence dans leur vie, nous assurant ainsi d'être aimés. Dans ce cas, notre désir de contrôler est en vérité un moyen de défense contre des sentiments d'insécurité et de ne pas être à la hauteur. Ironiquement, plus nous essayons souvent de contrôler les gens, moins ils sont disposés à rester dans notre vie. Leur désir de « fuir » est directement relié à notre obsession de les garder dépendants de nous. Vous rappelez-vous lorsque j'ai parlé plus tôt de la division de l'esprit? Un côté de l'esprit est l'ego; il nous crie généralement très fort de prendre le contrôle d'une situation et d'user de représailles en attaquant une autre personne par des paroles ou des actions. De l'autre côté de notre esprit, il y a la voix plus calme de notre Puissance supérieure, qui nous assure constamment que nous sommes aimés, que nous avons tout ce qu'il faut dans notre vie pour être heureux, et que nous n'avons pas besoin du dévouement, de l'adoration ou de la dépendance de quiconque pour nous compléter. Chaque fois que nous tentons de contrôler une autre personne, peu importe qui elle est ou pourquoi nous voulons la contrôler, nous avons rejeté notre Puissance supérieure.

Accepter notre impuissance sur les autres personnes ne va pas sans une forte résistance, une concentration intense, une pratique presque constante du lâcher-prise, et une volonté inébranlable de comprendre qu'on ne peut simplement pas contrôler les autres! Notre incrédulité quant à notre impuissance est présente partout — dans nos foyers dysfonctionnels, parmi des employés mécontents, dans la structure de pouvoir de tout gouvernement dans le monde. Toutes les guerres sont une preuve irréfutable que, partout, les gens continuent de croire qu'ils ont le pouvoir de contrôler les autres. Toutefois, un côté gagne rarement. Plus souvent, les vaincus abandonnent simplement.

Si notre objectif est de mener une vie paisible, nous devons alors abandonner les comportements belliqueux. Un premier pas important est de prendre la décision de libérer tous ceux qui sont dans notre vie de nos tentatives peu judicieuses de les contrôler.

DÉVELOPPER DE NOUVEAUX COMPORTEMENTS

• *Éloignez-vous*

Cette suggestion est plutôt directe. Au premier chapitre, nous avons parlé de laisser les autres mener leur propre vie. Permettez-moi de vous le dire ici d'une autre façon : *mêlez-vous de ce qui vous regarde !* Ne vous mettez pas le nez là où vous n'êtes pas le bienvenu. Ne parlez pas à moins que quelqu'un vous demande honnêtement votre opinion. Comme nous l'avons remarqué, il n'est pas facile de nous taire lorsque nous voyons des amis ou d'autres personnes chères s'aventurer sur un chemin qui n'est pas favorable à ce que nous considérons être leur bien-être, mais nous devons nous taire. Non seulement notre « sermon » sera ignoré, mais il créera fort probablement une rupture dans des relations qui auraient pu être permanentes, ne nous rendant plus disponibles pour des amis ou des êtres chers lorsqu'ils sont enfin prêts à demander des conseils à une personne qu'ils respectent, qui, selon eux, a plus d'expérience ou de sagesse.

Il est bon pour les autres, et aussi pour nous, de les laisser faire leurs propres choix, qui pourraient même être des erreurs. S'ils nous permettent de choisir à leur place, et si nous faisons un mauvais choix, nous sommes leur excuse pour leurs échecs. Nous devenons le bouc émissaire involontaire de tout ce qui peut aller mal dans leur vie, un fardeau que nous ne voulons certainement pas porter et qui n'apporte rien à notre propre cheminement.

Il y a un autre côté positif à ne pas vous mêler des affaires des autres. Vous aurez plus de temps à consacrer à votre propre vie. C'est un grand cadeau — bien que vous puissiez ne pas l'apprécier au début, alors que vous continuez d'être obnubilé par la façon dont les autres vivent. Mais vous finirez par vous habituer à observer les autres plutôt que de gérer leur vie, et tous en retireront une plus grande sagesse en vue de choix futurs. Pour terminer, chacun d'entre nous doit prendre la responsabilité de la façon dont il vit, de qui il est et de là où il va. Ce n'est que lorsque nous atteindrons la pleine responsabilité que nous deviendrons tout ce que nous pouvons devenir.

• *Essayez de contrôler et vous échouerez*

De temps à autre, nous sommes « chanceux » et les autres acceptent nos tentatives de contrôler. Lorsque cela arrive, il est facile de croire à tort que nous avons pu les contrôler et que c'était bien. En réalité, ce sont eux qui ont contrôlé leurs propres actions ; ils ont décidé de suivre notre conseil. Nous n'étions donc pas en contrôle. Il n'y a aucune autre explication.

Quand les autres changent à cause de l'une de nos paroles ou de nos actions, ce qui arrive parfois, nous nous sentons approuvés et, de ce fait, notre confiance en nous-mêmes s'en trouve accrue. Malheureusement, cela nous incite aussi à répéter inlassablement ce comportement. Voyons les choses en face. Les autres changent seulement parce qu'ils le veulent. Pas parce que nous voulons qu'ils changent.

Pourquoi alors essayons-nous constamment de faire l'impossible ? Après des années d'observation, et mon propre engagement indéfectible de changer ce comportement chez moi, j'en ai déduit que nous essayons de contrôler pour étouffer la menace que nous ressentons lorsque nos compagnons ont des opinions, des attitudes ou des comportements différents des nôtres. Plus grande est la menace, plus nous essayons de contrôler.

Mais lorsque nous cessons de vouloir contrôler tout le monde et chaque chose, nous découvrons que nous avons tout à coup le temps et l'occasion d'apprendre, de changer et de grandir intérieurement, afin de progresser vers le prochain niveau de conscience spirituelle qui nous attend.

Comme bienfait surprise supplémentaire en lâchant prise, en suivant notre route et en vivant notre propre vie dans la paix et pleinement, nous inspirons souvent les autres pour qu'ils changent exactement comme nous voudrions qu'ils le fassent. N'est-ce pas étonnant?

Une de mes bonnes amies a dit un jour: « Plus je force les choses, plus ma vie est difficile. » Je suis tout à fait d'accord. Essayer de contrôler quelqu'un ou quelque chose ne fait que nous fatiguer les bras et saper la force qui nous est nécessaire pour accomplir notre travail de la journée. Il n'est pas facile d'accepter que nous ne sommes pas le centre de l'univers, et certainement pas le centre de la vie de qui que ce soit. Il est bien qu'une personne nous rappelle que nous ne sommes qu'un autre pion sur l'échiquier, et qu'il n'y a pas de honte à cela. En vérité, nous devrions être grandement soulagés de pouvoir nous permettre d'accepter la liberté de vivre notre vie, un jour à la fois, dans le confort de notre petite vie de pion.

• *Libérez-vous*

Contrôler les autres est aussi un moyen de ne pas atteindre nos propres buts. Notre peur de l'échec peut être sublimée tant et aussi longtemps que nous nous occupons des autres plutôt que de nous-mêmes. Lorsque nous passons notre vie à suivre les autres dans leurs tranchées dans l'espoir de les diriger éventuellement, nous avons une excuse toute prête pour échouer.

Cela peut ne pas vous convenir, ni à vos circonstances, mais demandez-vous si vous avez atteint certains de vos objectifs. Si vous n'atteignez pas votre cible, réfléchissez pour savoir où vous mettez toute cette belle énergie.

Renoncer au fardeau du contrôle, même illusoire, ne vous donne pas seulement la liberté, mais permet aussi à Dieu, tel que vous Le concevez, de faire le travail qui appartient totalement à sa description de tâches. Trop de gens ont essayé de porter le fardeau de Dieu pendant trop longtemps. Il en est résulté de la déception, de la frustration, du chaos, des occasions manquées qui leur auraient été profitables et, pour ajouter l'insulte à l'injure, d'être souvent attaqués avec colère par ces mêmes personnes qu'ils pensaient aider.

Il est temps de voir les choses en face. Essayer de contrôler une autre personne équivaut à une bataille perdue. Tant mieux! Si vous ne le comprenez pas encore, ça viendra, dès que vous commencerez à changer votre façon de penser chaque fois que vous vous apercevez que vous vous concentrez sur la vie de quelqu'un d'autre. Un excellent moyen de renforcer cette pratique est de réciter la Prière de la Sérénité, en réfléchissant à chaque mot, chaque fois que vous vous concentrez ailleurs que sur votre vie : *Mon Dieu, donnez-moi la sérénité d'accepter les choses que je ne peux changer, le courage de changer les choses que je peux, et la sagesse d'en connaître la différence.*

L'un des plus grands cadeaux que nous avons reçus pendant ce voyage, c'est notre impuissance face aux autres. Croyez-moi. Le moment venu, vous en serez reconnaissant.

* *Vous avez choisi de faire ce voyage ; il vous faut maintenant l'entreprendre*

Chacun de nos choix, chacune de nos expériences, chaque personne dans notre vie a sa raison d'être. Rien ne se produit par hasard. Nous choisissons chaque personne et chaque interaction pour les leçons qu'elles nous apprennent.

Cela peut sembler une idée saugrenue. Pendant un instant, mettez votre incrédulité en veilleuse et examinez votre passé. Seriez-vous d'accord pour dire que certaines personnes ont « débarqué » dans votre vie et vous ont apporté un message qui ne vous est apparu important que bien plus tard ?

Nous sommes tous professeurs et élèves. De certains nous avons appris la tolérance, de d'autres, la patience. Quelqu'un peut apprendre de nous ce que signifie lâcher prise. Dans chacune de nos relations, nous avons le privilège d'apprendre ou d'enseigner quelque chose d'important. Nous pouvons ignorer ce qui nous est offert mais, faites-moi confiance, la leçon reviendra. Nécessairement, car c'est une leçon qui nous est destinée.

La sagesse peut nous arriver sous plusieurs formes, venir de plusieurs sources, prendre différents aspects. Je me souviens très bien de certaines des premières réunions Douze Étapes auxquelles j'ai assisté. J'avais tendance à faire la sourde oreille à certains conférenciers, car je croyais que ce qu'ils disaient n'avait rien à voir avec ma vie et n'était pas important pour ma recouvrance. Ma marraine de l'époque, une personne très sage, me disait : « Tout ce que tu entends comporte un message qui pourrait te sauver la vie un jour. Écoute! »

Changer votre perception pour permettre que tout ce que vous entendez puisse un jour vous sauver la vie possède le potentiel de changer chacune de vos expériences futures. En commençant à croire que vous recevrez ce que vous êtes venu chercher — conséquemment pour rencontrer la personne que vous devez rencontrer, apprendre ce que vous avez besoin d'apprendre, croître de la manière dont vous devez croître — fera de chaque minute de chaque jour un cadeau.

Chacune de ces leçons ne bouleversera pas votre vie ; souvent, elles sont plutôt ordinaires. Il est important de bien comprendre cela afin de ne pas ignorer certaines expériences. De même, nous ne devons pas ignorer les expériences de nos compagnons de route. Nos interactions sont prédestinées même si, dans le feu de l'action, nous ne saisissons pas leur sens. Quand vous penserez ainsi, une question se posera devant certaines situations difficiles: *Quelle leçon ai-je à apprendre ici?*

La meilleure attitude à adopter est de présumer qu'il y a toujours quelque chose à apprendre — donc une raison pour éprouver de la gratitude — et que les autres nous considèrent comme des professeurs, que nous ou eux en soyons pleinement conscients ou non.

Réjouissez-vous que le voyage soit la raison de votre présence ici. Rien ne vous arrivera que vous n'êtes pas préparé à recevoir ou à vivre, spécialement si vous faites appel à la force de votre Puissance supérieure. Vous êtes exactement là où vous devez être, en ce moment et toujours, et vous faites ce que vous devez faire. Ce qui est vrai pour vous l'est aussi pour les autres. Laissez-les être à l'écoute à leur façon et faire leur propre voyage.

• *Vos tentatives de contrôle ne mènent qu'au désaccord*

Nous avons abordé le sujet du contrôle de plusieurs façons, mais notre discussion ne serait pas complète si nous ne touchions pas au problème du désaccord. Chaque jour, nous avons littéralement des centaines d'occasions de lâcher prise sur les autres, leurs actions, leurs opinions, leurs espoirs et leurs rêves. Il est particulièrement difficile de lâcher prise quand nous entretenons des liens particuliers avec une personne. Cela pourrait même nous sembler insensible. Mais nous mêler du processus de prise de décision d'une autre personne sans y être invités mène au désaccord, parfois un désaccord si grand que la relation est rompue à tout jamais. Par exemple, il serait imprudent d'essayer de convaincre un enfant, un membre de la fratrie ou un bon ami de mettre fin à une relation que nous jugeons malsaine. Par contre, prier pour eux est de l'énergie bien utilisée.

Il ne vaut pas la peine de mettre vos relations en péril en insistant pour qu'une personne gère une situation à votre façon. Même si vous n'allez pas jusque-là, le mal sera peut-être déjà fait.

Nous créons le désaccord quand nous nous mêlons de ce qui ne nous regarde pas. L'harmonie est tellement plus agréable et tout aussi facile à créer. Tout dépend des choix que nous ferons. Rien de plus. À chaque occasion, nous devons nous demander si nous souhaitons connaître la paix ou l'agitation, si nous préférons avoir des relations harmonieuses ou tendues, puis agir en conséquence. En d'autres termes, si nous recherchons des relations harmonieuses, nous devons laisser les autres vivre leur propre vie.

Lâcher prise, apprendre à vivre et laisser vivre, et prier pour le voyage édifiant que chacun de nous est appelé à faire ici, sont des outils qui nous apporteront la paix, le cadeau que nous méritons, et notre ultime leçon.

8

Découvrez vos propres leçons

$\mathcal{P}$RÉCÉDEMMENT DANS CE LIVRE, nous avons étudié la notion que notre vie, et les gens qui la partagent, reflète ce qui se trouve dans notre esprit, et ce, dans les moindres détails. Si nous voulons changer une partie de notre vie, nous devons changer notre façon de penser. Cela est essentiel pour vivre une vie plus paisible. La première chose à faire pour changer notre façon de penser est de reconnaître que nous avons un pouvoir sur elle. L'esprit n'est pas un récipient vide qui se remplit simplement au hasard. C'est nous qui fournissons le contenu! Quoi que nous « voyions » chez les autres, ou dans les circonstances qui attirent notre attention, est le résultat direct de nos pensées — et ces pensées sont triées sur le volet.

En réalité, une perception « exacte » n'existe pas. Nos perceptions sont toujours affectées par la façon

dont nous filtrons l'information à travers nos expériences passées, nos peurs, notre propre insécurité et
notre désir de contrôler. J'irais même jusqu'à dire que
notre esprit déformera ou mal interprétera pratiquement chacune de nos expériences, et que nous agi-
rons selon cette distorsion. Pas étonnant que nous
nous retrouvions souvent en conflit — conflit non
nécessaire.

Vous avez sans doute lu ou entendu dire que
chaque fois que nous pointons quelqu'un du doigt
pour une prétendue faute (et nous sommes nombreux
à jouer ce jeu), trois de nos doigts pointent vers nous.
En d'autres termes, en accusant les autres, nous projetons sur eux ce que nous voulons nier à propos de
nous-mêmes, et notre déni nous excuse de prendre la
responsabilité de qui nous sommes. Si nous souhaitons vivre une autre expérience, une expérience de
vie plus paisible, nous devons être prêts à changer ce
que notre esprit protège, ou ce à quoi il s'accroche,
pour des pensées d'amour, de paix, d'acceptation et
de gratitude.

DÉVELOPPER DE NOUVEAUX COMPORTEMENTS

• Vivez votre propre vie

Des millions de gens perdent des années à penser à
la vie des autres. Chez les Al-Anon, le programme
Douze Étapes pour les familles et amis d'alcooliques,

on dit quelque chose qui me fait toujours rire: « Au moment de sa mort, un membre Al-Anon voit la vie des autres, et non la sienne, défiler devant ses yeux.» Il existe un terme bien connu pour décrire cette situation très répandue, un terme familier pour plusieurs d'entre nous, c'est la « codépendance », pour décrire le fait de toujours se concentrer sur les autres. Nous le faisons pour une de deux raisons. La première est que nous dépendons entièrement du monde extérieur — de la réaction des autres à notre égard et à ce qui peut se passer à ce moment-là — pour savoir ce que nous devons penser, la personne que nous sommes vraiment, et ce que nous valons. Quand nous nous laissons ainsi contrôler de l'extérieur, nous oublions que nous avons une vie autonome riche et indépendante des autres. Nous oublions que nous avons notre propre raison d'être, avec nos propres idées qui sont bien valables. Nous laissons notre vie tourner autour des opinions, des actions, des plans et des désirs des autres. Pour plusieurs d'entre nous, cela est sécurisant; en donnant l'impression que nous sommes attentifs et compatissants, nous évitons de prendre la responsabilité de notre propre vie. Nous nous privons aussi de l'occasion de le faire.

Rappelez-vous l'anecdote que je vous ai racontée dans un chapitre précédent concernant l'ami de John Powell qui refusait de laisser l'impolitesse du vendeur de journaux lui dicter son humeur. C'est un très bel exemple, car il illustre bien la capacité de chacun d'entre nous de vivre une vie saine, autonome, non contrôlée par le comportement des autres, une vie qui

n'est pas le moindrement influencée par nos compagnons de route quand cette influence risque de nuire à
notre bien-être. L'ami de Powell nous donne un bel
exemple de ce que chacun de nous peut faire. Il nous
suffit de changer notre façon de nous percevoir dans
nos relations avec les autres. Puis, il faut beaucoup de
pratique.

La deuxième raison pour laquelle les codépendants se concentrent sur les autres vous semblera
familière. Tout est dans le contrôle. Les codépendants
passent leur vie à se sentir contrôlés par les autres ou
à arracher le contrôle à ces mêmes personnes. Dans
les deux cas, qu'on soit contrôlé ou contrôlant, ce
n'est pas une vie bien vécue.

Dans ce deuxième scénario, nous devons
« lâcher prise ». Si vous jouez au contrôle, le fait de
lâcher prise vous libérera d'un lourd fardeau et d'une
frustration quasi continuelle, une frustration qui peut
durer des années, particulièrement si vous insistez
pour être en contrôle. Le fait de lâcher prise vous permettra de remplacer les pensées futiles et malsaines
qui encombrent votre esprit depuis si longtemps par
des pensées qui vous permettent de croître dans des
directions insoupçonnées. Tant que nous gardons
notre esprit prisonnier de la vie des autres, il nous est
impossible de réaliser notre raison d'être. Votre propre
vie vous attend. Ne tardez pas !

• *Vous n'apprenez pas vos propres leçons*
  quand une autre personne
  occupe votre esprit

___

Pour plusieurs d'entre nous, la codépendance se développe par les différents rôles que nous jouons dans la vie. Il est certain qu'en tant que parents, nos enfants occupent nécessairement notre esprit pendant de bonnes périodes, car ils méritent et ont besoin de conseils. Mais, même en tant que parents, nous devons reconnaître que le fait de constamment penser à nos enfants, de vivre à travers eux, de tenter de les contrôler, n'est pas toujours bon pour eux ni pour nous. Quand notre attention est trop centrée sur eux au détriment de nous-mêmes, nous n'apprenons pas ce que nous sommes venus apprendre ici. Et nous cessons de nous développer. Toutes sortes de personnes qui se dévouent au service des autres en viennent à sublimer leur propre vie, mais cela n'est jamais nécessaire. Nous pouvons plutôt considérer le fait de prendre soin d'une autre personne comme une occasion de créer et de maintenir des frontières saines, même lorsque nous lui accordons toute l'attention requise. Nous devons, de toute évidence, être vigilants, nous demander constamment si notre impulsion d'agir n'empêche pas l'autre personne de s'occuper d'elle-même. Quand nous commençons à poser pour les autres des gestes qu'ils devraient poser eux-mêmes, personne ne sort gagnant.

Il y a, bien sûr, plusieurs façons de nous laisser habiter par les autres. Je n'en ai abordé que quelques-unes. Mais il arrive trop fréquemment que nous sommes piégés par notre propre insécurité, au point de devenir obsédés par les talents, réels ou imaginaires, des personnes auxquelles nous nous comparons. Ce faisant, nous laissons de côté toutes les occasions de profiter des leçons qui pourraient se présenter dans notre vie, des leçons qui deviennent évidentes à travers la myriade d'interactions avec nos compagnons de route. Il faut nous rappeler que personne ne croise notre route sans raison.

Au début de mon cheminement spirituel, cette idée que nous habitons notre corps pour apprendre des leçons m'a laissée vraiment perplexe. À vrai dire, j'ignorais ce que voulait dire le mot « leçons » dans ce contexte. Lentement, à mesure que j'acceptais d'écouter les voix de la sagesse autour de moi, ma confusion s'est dissipée. Cependant, il m'a fallu plusieurs années pour apprécier que chaque moment d'interaction avec une autre personne était l'occasion d'apprendre une leçon, si je voulais en profiter. Même à ce moment-là, il m'était encore impossible, cependant, de comprendre que cela ait toujours été le cas, non seulement pour moi mais pour chacun de nous.

Aujourd'hui, je sais que nos leçons rivalisent constamment pour attirer notre attention. Elles rivalisaient pour attirer mon attention pendant mon enfance et dans les conflits avec mon père. Mon premier mariage a été plein de disputes qui n'étaient, en réalité, que des leçons déguisées que je n'ai pas su reconnaître. Les leçons rivalisaient pour attirer mon attention pendant mes études universitaires et lors de mon premier emploi après mes études. Elles continuent à me faire signe et je suis encore tout aussi capable de les ignorer aujourd'hui que dans le passé. Tout ce que je sais, c'est qu'il faut avoir un esprit ouvert, libre de toute pensée à propos des autres, pour être de bons élèves de la vie.

Nous apprenons tous les uns des autres, toujours. Cela ne signifie pas que nous sommes nécessairement conscients du rôle que nous jouons à chaque moment. Cela n'a pas vraiment d'importance, non plus. La danse se poursuit, peu importe. Au bout du compte, les principales leçons pour chacun de nous, même si elles se manifestent de façon inattendue, sont de pouvoir donner et recevoir de l'amour; d'écouter intensément les paroles des autres; de ne pas oublier que Dieu nous parle toujours à travers nos expériences avec les autres, rendant sacrée chacune d'elles; et d'éprouver de la gratitude pour chaque moment, sachant que rien n'est plus vrai que chaque moment que nous vivons.

- *Si votre esprit est occupé par une autre personne, vous ne pouvez pas entendre votre voix intérieure*

En quoi cela est-il si différent du sujet que nous venons tout juste de discuter? Dans la section précédente, nous parlions de l'habitude de laisser les autres captiver notre attention et occuper notre esprit. Cette section traite plutôt de la voix intérieure et de notre incapacité à l'écouter quand notre esprit est accaparé par des pensées concernant les autres.

Par voix intérieure, je veux dire celle de l'amour, de la gratitude et de l'espoir. Pourtant, ce n'est pas cette voix que plusieurs d'entre nous entendent quand ils calment leurs pensées. Non, nous devons faire des efforts pour entendre cette voix au-dessus de la cohue. Dans ma jeunesse et jusqu'au moment où je suis entrée en recouvrance, j'entendais plusieurs voix, mais elles étaient rarement des voix d'amour. Générale-ment, elles me dépréciaient ou critiquaient chacune de mes décisions. Souvent, elles reprenaient les paro-les de mon père ou, plus tard, celles de mon premier mari. Elles pouvaient tout aussi bien reprendre tous les messages négatifs que j'avais créés, sans aucune aide extérieure, au cours des années. Il est certain qu'elles ne m'encourageaient pas, et je ne semblais pas capable de m'en libérer. Ainsi, quand j'ai entendu des amis en recouvrance parler de leur voix intérieure aimante, je me suis sentie gênée et ignorante. J'avais horreur d'admettre que je ne connaissais pas cette voix et je doutais même d'en avoir une.

J'ai fini par apprendre de mes amis, et avec l'aide du livre *Un cours en miracles*, qu'il y a toujours deux voix présentes dans notre esprit. (Vous rappelez-vous de la division de l'esprit dont j'ai parlé précédem-ment?) L'une d'elles est très forte et elle oriente tou-jours mal nos pensées et nos actions. C'est la voix qui nous garde enlisés dans nos vieux comportements et qui alimente nos peurs, notre colère et notre insatisfaction constante. L'autre voix, qui est tout aussi présente mais tellement plus discrète, ne cesse de transmettre des paroles d'amour et de gratitude, d'espoir et de bonté. Elle nous suggère toujours de chercher les leçons dans chaque moment, d'apprécier sans réserve chaque moment comme étant la seule occasion que nous ayons d'accomplir la volonté de Dieu et de contribuer ainsi à la paix de l'humanité. C'est cette voix qui nous réconforte. Quand nous l'écoutons, nous acceptons de voir le bon chez les autres et aussi de les réconforter. Cette voix fait de nous des êtres entiers et prêts à accueillir les leçons qui, nous le savons, nous attendent.

Le défi consiste à trouver comment faire taire la voix plus forte de la peur et à nous syntoniser sur la voix plus douce de l'espoir et de l'amour. En réalité, ce n'est pas difficile, mais cette avenue nous est méconnue et exige que nous brisions de vieilles habitudes bien ancrées. Nous avons simplement à décider d'écouter la voix la plus douce et nous y arriverons. Soyons reconnaissants de pouvoir changer notre façon de réagir aux gens et aux événements de notre vie. Soyons reconnaissants que le contrôle de notre esprit nous appartienne et qu'il n'appartienne pas aux autres. Soyons reconnaissants que notre volonté de prendre la responsabilité de faire seulement ce qui doit être fait par nous soit une décision facile que nous pouvons prendre et reprendre chaque jour. Soyons reconnaissants de savoir que, désormais, nous pouvons changer notre façon de penser et que notre vie changera aussi!

• *L'obsession des autres peut vous rendre malade*

L'anxiété et la dépression ont de nombreuses causes. Certaines personnes font une dépression ou de l'anxiété situationnelle à la suite d'expériences extrêmement pénibles, comme la mort d'un être cher, ou l'appréhension d'un événement important pour lequel elles ne se sentent pas préparées. Parfois, on peut prescrire des médicaments qui aident à corriger ces états temporaires.

La dépression et l'anxiété peuvent aussi être causées par des déséquilibres chimiques du cerveau. Dans ce cas, le trouble peut être permanent, ce qui entraîne la médication à long terme. Plusieurs personnes que je connais réussissent à fonctionner plutôt bien dans tous les domaines de leur vie depuis qu'elles ont découvert une médication efficace pour le traitement de leur trouble spécifique.

Nous pouvons conclure que ces formes de dépression, d'anxiété, ou les deux, peuvent être traitées. Personne n'est obligé de souffrir.

Mais il est aussi vrai que notre obsession de la vie des autres peut nous rendre dépressifs et anxieux et que cette obsession peut disparaître par le simple fait de modifier notre façon de penser. Cette forme de dépression est causée en partie par notre obsession des autres, laquelle nous empêche de vivre le moment présent et d'agir dans notre meilleur intérêt. Nous n'apprenons pas les leçons que nous devons apprendre.

Il nous est impossible de devenir exaltés et joyeux, et de comprendre notre rôle dans le déroulement des événements qui nous entourent quand nous sommes embourbés dans les affaires des autres. La dépression peut aussi être déclenchée quand nous nous comparons constamment aux autres et que nous constatons que nous ne sommes pas à leur niveau. Il nous arrive rarement de trouver que nous sommes les égaux de ceux à qui nous nous comparons. Notre ego ne nous permet pas de trouver la paix dans nos relations, ni même dans nos associations passagères. Il veut que nous soyons malheureux, que nous portions des jugements et que nous soyons prêts à rabaisser et même à attaquer les autres. En conséquence, il nous programme à être « moins que » et la dépression nous rend volontiers ce service.

Comme nous l'avons déjà dit, il arrive que nous devions porter une grande attention aux activités ou aux comportements des autres — par exemple nos enfants. Pourtant, il y a une différence, une grande différence, entre porter attention et être totalement absorbé par ce que fait quelqu'un d'autre. Nos enfants ont besoin de notre attention, mais ils ne doivent pas devenir notre obsession. Un conjoint malade ou en difficulté peut avoir besoin de notre attention aimante mais, encore une fois, ne doit pas devenir une obsession pour nous. Nous devons porter attention à notre travail, mais il n'est pas sain de le rapporter à la maison. Nous devons nous reposer chaque jour et nous nous épuisons quand nous sommes obsédés par les tâches que nous avons à faire alors que nous ne sommes pas en train de les faire.

Nos obsessions entraînent une fatigue qui, très souvent, déclenche la dépression. Nous pouvons être certains que si notre esprit se concentre compulsivement sur une autre personne plutôt que sur les joies de notre propre vie, la dépression suivra rapidement.

L'antidote infaillible pour ce genre de dépression est la volonté de vivre dans le moment présent seulement et d'éprouver de la gratitude pour les centaines de bienfaits dans notre vie. Il nous est impossible de voir ces bons côtés si nous succombons à la tentation de centrer notre esprit sur les autres. La bonne nouvelle est que ces bienfaits nous attendront. Quand nous serons prêts à retourner à eux, ils seront là.

Choisir la gratitude et non la dépression peut sembler un choix si évident; cependant, pour ceux d'entre nous qui s'identifient si facilement par leurs relations aux autres seulement, c'est un choix important qui ne se fait pas facilement. Je le répète encore, notre vie est fortement déterminée par notre façon de penser. Il faut faire preuve de volonté et de vigilance pour développer de nouvelles habitudes. La récompense, cependant, est énorme.

9

Ne causez pas de tort

$\mathcal{N}$E JAMAIS CAUSER DE TORT AUX AUTRES? Cela semble si évident. La difficulté est de reconnaître les nombreuses façons dont nous nous causons du tort les uns les autres, particulièrement quand personne n'est blessé physiquement. Ne pas regarder dans les yeux la personne à qui vous parlez ou qu'on vous présente, ne pas répondre à une question qui demande une réponse, ne pas inclure un nouveau venu dans la conversation alors qu'il tente de s'y joindre, ce sont tous des exemples du mal qu'on peut faire aux autres. Ignorer les suggestions de l'être aimé concernant un projet commun, par exemple une rénovation ou la planification des détails de vacances attendues depuis longtemps, peut nuire à la relation comme au moral du partenaire dont les idées sont ignorées. Et l'une des formes les plus évidentes et courantes de tort qu'on peut faire est de ne pas écouter la personne qui tente de nous parler. Certaines personnes vont même jusqu'à dire qu'être ignoré peut faire aussi mal qu'être giflé.

Le mal se présente sous plusieurs formes. Une chose est sûre : autant la personne qui cause le tort que celle qui le subit ignorent souvent quand cela s'est produit. La victime peut se sentir blessée par l'incident sans savoir pourquoi. Mais le mal est fait, néanmoins.

DÉVELOPPER DE NOUVEAUX COMPORTEMENTS

• *Ne blessez pas en paroles*

Êtes-vous sensible à la façon dont vos commentaires peuvent affecter les autres, que ce soit au moment où vous les faites ou plus tard ? Êtes-vous prompt à riposter à une remarque désobligeante dont vous êtes victime ? Portez-vous attention à votre état d'âme après avoir été blessant envers un ami ou un étranger ? Avez-vous déjà choisi de répondre par la bonté à une action malveillante ?

Nous pouvons apprendre beaucoup de nos réponses à ces questions. En les considérant une à la fois, et en les analysant honnêtement, nous pouvons obtenir une bonne idée de qui nous sommes dans le monde, et cela pourrait nous donner des indications sur ce qu'il faut faire pour devenir la personne que nous voudrions être.

Si vous voulez changer la teneur de vos interactions, vous devez prendre conscience de la portée de vos paroles. Il peut arriver que nous ne voulions pas blesser par nos paroles. Nous pouvons en réalité croire que nous sommes plus que polis, parfois même aimables, mais l'expression sur le visage des gens qui nous écoutent reflète la vérité.

Aucun de nous n'est très habile à dissimuler l'impact que les paroles ou les actions des autres a sur lui. Parfois, des larmes nous montent aux yeux, un air triste ou un visage détourné révèlent nos véritables sentiments. Le fait de porter attention à ces expressions chez les autres nous aidera à faire de meilleurs choix lors de nos prochaines conversations — quel que soit notre interlocuteur.

La plupart d'entre nous n'ont pas l'intention d'être désagréables, sauf quand ils s'adressent à des adversaires déclarés. Nos commentaires désagréables résultent habituellement du fait que nous ne sommes pas suffisamment centrés sur le moment présent; ils sont attribuables à notre manque de prévenance, non pas à notre mesquinerie. Ils se produisent à cause de notre incapacité d'avoir l'esprit à deux endroits en même temps.

La concentration est la solution. Ce n'est pas sorcier. Prenez la décision, puis appliquez-vous à la mettre en pratique. La simple règle de ne pas dire à d'autres ce que vous ne voudriez pas qu'on vous dise fera toute la différence. Rappelez-vous John Powell et son ami journaliste qui ont acheté leur journal du vendeur désagréable. L'ami de John a choisi de répondre avec gentillesse à un personnage très désagréable. Il a choisi la réponse pacifique. Parfois, nous croyons à tort qu'une riposte est indiquée. Souvent même, nous croyons qu'elle est plus que justifiée. Mais les conséquences d'une réplique acerbe peuvent à la fois être incertaines et manquer de considération, sans raison. En langage clair, être désagréables ne nous sert jamais.

Chaque situation dans laquelle nous nous trouvons est une occasion de choisir de nous comporter de façon irréprochable dans nos relations avec les autres. Si quelqu'un est désagréable avec nous, nous ne sommes pas obligés de lui rendre la monnaie de sa pièce. Il n'est pas plus difficile de choisir de répondre par l'amour que de choisir d'être désagréable. C'est simplement un choix différent, et qui profite à tous. Quand nous entamons une conversation, nous avons toujours des options: écouter attentivement, faire semblant d'écouter, ignorer subtilement ou visiblement (par exemple en quittant la pièce). Il est simplement impoli de faire autre chose que d'écouter attentivement, et l'impolitesse nuit au moral de toute personne engagée dans l'interaction. On peut même le mesurer au niveau physiologique. Une maison de recherche du nom de HeartMath® a étudié les effets d'un comportement déplaisant sur la condition physique d'une personne. Les chercheurs ont ensuite mis leurs résultats en pratique dans leur travail de consultants auprès d'entreprises du Fortune 500 qui cherchaient à créer des environnements de travail plus paisibles. Ils ont découvert que non seulement les personnes victimes de notre comportement déplaisant mais aussi nous-mêmes sommes affectés mentalement, émotivement, physiquement et spirituellement par notre comportement. Vous avez bien lu. La santé de chacun de nous dépend du comportement « agréable » de tous.

Pourquoi sommes-nous impolis? Parce que nous sommes préoccupés, que nous pensons à autre chose? C'est parfois vrai, mais l'impolitesse dénote souvent de l'insécurité, une façon de tenir les autres à distance pour qu'ils ne le remarquent pas. C'est peut-être très efficace, mais cela ne sert aucune des parties. Cela contribue à isoler les gens et non à les unir dans un but commun. Nous ne trouverons jamais la paix si nous persistons à nous isoler. À l'inverse, la meilleure façon d'être en paix est de rechercher un lien commun.

Convenons-en, la violence verbale n'est jamais, jamais, de mise, même dans les situations les plus hostiles. Cela ne réussira jamais à produire ce que recherche son auteur, et causera toujours un tort inutile au psyché. On raconte que le Dalaï Lama a déjà dit à un groupe de personnes qu'il n'y avait qu'une tâche sur terre, soit s'aimer les uns les autres. Si les gens ne pouvaient s'aimer les uns les autres, ils devaient au moins éviter de faire du mal aux autres. Voilà une suggestion bien simple pour vivre en paix. Cela débute par de petits changements positifs qui deviennent des habitudes. Impossible d'échouer à cette tâche si on y met de la bonne volonté.

• *Faites un engagement quotidiennement*

L'une des idées principales des Douze Étapes est de vivre un jour à la fois. Ce choix nous simplifie la vie et notre prise de décision dans bien des domaines, beaucoup plus que nous ne pouvons l'imaginer. Je me souviens d'avoir ri quand j'ai entendu cette suggestion pour la première fois. Comment ne pourrais-je pas m'inquiéter de demain, de la semaine suivante ou de l'année prochaine? Si je ne planifiais pas mon avenir aujourd'hui, comment pourrais-je y arriver plus tard? Par contre, quand j'ai décidé d'en faire l'essai, j'ai ressenti une forte sensation de liberté. En fait, seul aujourd'hui nous appartient. Même, seul l'instant qui vient nous appartient. Cela peut sembler difficile à atteindre, mais en cherchant à vivre dans l'avenir, nous gaspillons non seulement notre énergie mentale, mais aussi nos émotions. Éviter de faire du mal chaque jour est une façon de mettre cet important principe en pratique. Pourquoi devrions-nous prendre cet engagement envers nous-mêmes chaque jour? Parce qu'il est tellement facile de fermer les yeux sur notre comportement et, ce faisant, de faire du tort aux autres. Il est trop facile de rabaisser les autres par notre manque d'égards.

Nous portons des jugements et faisons des remarques humiliantes. Nous condamnons les gens à l'échec, parfois intentionnellement, mais souvent par inadvertance. Nos paroles, nos expressions faciales, notre langage corporel lancent tous des messages, et si nous n'y portons pas attention, il est facile d'avoir l'air dédaigneux ou désagréables. Le tort prend plusieurs formes, et l'habitude de rabaisser les gens de notre entourage de différentes façons, qu'ils soient amis ou étrangers, est tellement enracinée profondément en nous que nous devons faire preuve de vigilance pour éviter de le faire.

La décision de ne pas causer de tort est beaucoup plus facile à prendre si nous nous engageons juste pour aujourd'hui. Avec le temps, cette décision deviendra de plus en plus facile et les récompenses seront immédiates. Nous nous sentirons apaisés et détendus, physiquement et émotionnellement. Nous n'aurons plus à deviner comment réagir et nos propres actions ne nous surprendront plus. Chaque jour s'écoulera selon un rythme qui nous assurera de ressentir la paix et un sentiment de bien-être.

Ce simple engagement nous apporte beaucoup, et pourtant, nous sommes constamment tentés de revenir à nos anciens comportements, presque chaque minute de la journée. Ce n'est pas par méchanceté intentionnelle ou manque de tact. La plupart d'entre nous ont simplement peur. Peur d'être dépassés par les autres, financièrement, professionnellement, peut-être même spirituellement et émotionnellement. Notre peur nous pousse à adopter des comportements qui font du tort à tout le monde, incluant nous-mêmes. En fait, ces blessures envers nous-mêmes sont profondes, et la douleur n'est pas facile à apaiser.

Chaque fois que notre comportement nous fait du tort, nous sommes portés plus facilement à faire du tort aux autres à la prochaine occasion. C'est ainsi qu'un cercle vicieux s'installe, à notre insu, jusqu'à ce que nous prenions l'engagement chaque jour de ne pas causer de tort. Nous pouvons y arriver. Nous pouvons choisir, chaque jour, de ne pas faire de tort, et ainsi d'atteindre un plus haut degré de sérénité. N'est-ce pas ce que nous recherchons tous?

• *Évitez de critiquer;* *c'est un manque d'amour*

« Si je te dis ça, c'est seulement pour ton bien. » Combien de fois avez-vous entendu cela? Probablement trop souvent! Eh bien, j'ai des nouvelles pour vous. La critique n'est jamais aimante; elle ne vise jamais le bien de l'autre. Elle vise simplement à ébranler ou à créer de l'insécurité et à semer le doute chez la personne à qui elle s'adresse. Alors, pourquoi le faisons-nous? Parce que nous ne sommes pas bien dans notre peau. Il est ironique de constater que notre propre insatisfaction, celle-là même qui a d'abord mené à la critique, s'intensifie habituellement, ce qui est tout à fait le contraire de ce que nous espérions.

Quand nous ne nous sentons pas à la hauteur, il arrive fréquemment que nous tentions de rabaisser une autre personne, ce qui est très débilitant. Booker T. Washington l'a très bien et simplement exprimé quand il a dit: « Vous ne pouvez rabaisser une personne sans vous abaisser avec elle.» Ce qui est insidieux dans la critique, c'est qu'après l'avoir fait une fois, il est plus facile de recommencer de façon répétée. Quand une journée débute dans la critique, il y a fort à parier qu'elle se poursuivra dans la critique, ce qui en fera une mauvaise journée pour toutes les parties concernées.

Il est important de savoir aussi que ce que nous choisissons de critiquer chez les autres n'est rien de plus que notre propre reflet. Nos perceptions sont notre reflet. Nous projetons nos propres faiblesses imaginaires sur les autres, même si elles sont sans importance, parce que nous n'apprécions pas notre propre humanité, nos propres défauts et que nous ne voulons pas les regarder. C'est notre manque d'indulgence envers nous-mêmes, que nous commettions même la plus petite des erreurs, qui nous pousse à juger et à condamner les autres.

Cesser de critiquer, c'est comme abandonner n'importe quelle mauvaise habitude. Vous prenez la décision de ne dire que du bien à vos compagnons. Un proverbe chinois décrit bien ce message : « N'utilise pas une hachette pour chasser la mouche sur la tête de ton ami.» Vous développez cette habitude en renouvelant votre décision de ne dire que de bonnes paroles chaque fois que vous vous apprêtez à critiquer.

Qu'en est-il de toutes ces suggestions amicales (que certains pourraient quand même appeler des critiques) qui nous viennent de nos amis ou de nos patrons qui souhaitent sincèrement nous aider à améliorer notre façon d'aborder une tâche, un jeu, ou de modifier notre façon de penser? Il est facile d'isoler celles-ci des critiques mesquines, n'est-ce pas? Par contre, il peut arriver qu'il soit malavisé de même partager- ce genre d'idées « utiles ». Une meilleure approche serait de demander à la personne si elle accepterait certaines remarques et, dans le cas d'un refus ou d'un silence, de nous taire. Comme l'a dit Dick Cavett: « Il arrive rarement qu'une personne souhaite entendre ce qu'elle ne veut pas entendre. »

Encore une fois, chacune de nos rencontres nous donne l'occasion unique d'apporter quelque chose de positif dans la vie d'une personne. Certains diront que chaque rencontre est bénie, et que Dieu est toujours présent. Un bon principe de base serait de vous demander: « Ce que je m'apprête à dire plairait-il à Dieu et, si ce n'est pas le cas, que pourrais-je dire en lieu et place qui Lui plairait? » Ce principe m'a certainement bien guidée.

Notre vie passe si vite et, dans le tourbillon de ce monde, nous n'avons pas de temps à perdre. Le temps consacré à rendre tout instant plus pacifique — par une action, une pensée, une prière, un souvenir — est du temps bien employé. Tentons d'améliorer la vie des gens que nous croiserons aujourd'hui. Ils ne repasseront plus ainsi de nouveau. Nous non plus.

• *Non à la violence physique*

La violence physique affecte plus que le corps, elle affecte aussi l'âme. En réalité, le tort causé à l'âme est souvent même plus grand que celui que subit le corps. Avec le temps, les cicatrices physiques guérissent en général, mais le souvenir persiste.

Vous avez peut-être été victime de violence physique. Vous n'êtes pas seul, certes, dans ce cas. Quand on nous a fait du mal physiquement, il est parfois très difficile de lâcher prise sur le passé. L'ego s'approprie le passé, et sa survie est directement reliée à sa capacité de garder vivant dans notre esprit le souvenir des horribles détails de chaque abus dont nous avons été victimes. Il n'y a qu'une façon de nous en libérer, et c'est de confier tous les domaines de notre vie à une puissance plus grande que nous-mêmes et de prendre une profonde respiration. Puis de respirer profondément de nouveau.

Un acteur bien connu qui désirait garder l'anonymat a déjà dit à un congrès des Alcooliques anonymes que sa vie ne le regardait pas. Cette simple phrase est la clé d'une vie paisible, que notre passé soit marqué ou non par de mauvais traitements. Nous pouvons apprendre à accepter le passé et aller de l'avant si nous permettons à notre esprit d'éprouver de la gratitude pour le moment présent et pour cette conscience que Dieu est là où nous sommes, si nous choisissons de reconnaître son existence.

Cela nous amène à aborder notre propre culpabilité pour les abus que nous avons commis. Le désir de faire du mal à une autre personne, surtout si elle vous a fait du mal dans le passé, peut être compréhensible — mais ce n'est jamais, jamais, la réaction appropriée, car cela entretient le cycle de la violence. Persécuter une autre personne est inacceptable, quelles que soient les circonstances.

Tout comme la violence verbale, la violence physique vient de la peur. Ce n'est peut-être pas évident, et cela peut même prendre un tout autre aspect. Mais en réalité, c'est le cas. Il faut beaucoup de courage pour s'éloigner d'une situation qui nous incite à nous venger. Mais nous devons le faire. À chaque instant, dans chaque situation, avec chaque personne, nous devons nous concentrer sur des réactions de paix. C'est la seule façon de guérir.

- *Choisissez toujours d'être aimable, jamais blessant*

Chaque situation de chaque journée nous invite à réagir. Nos réactions ne sont pas toujours audibles ou physiques, mais elles ne sont jamais tout à fait invisibles. Du minimum, Dieu en prend note. Souvenez-vous de la suggestion du Dalaï Lama d'éviter de blesser quiconque. C'est probablement le conseil le plus aimant et le plus sage que nous recevrons jamais, et le plus pacifique aussi. La décision de résister à la tentation de faire du mal aux autres, que leur attaque soit réelle ou imaginaire, ouvre la porte à un certain nombre d'autres réactions. Quand vous choisissez la réaction blessante, votre vie s'appauvrit; quand, au contraire, vous choisissez des réactions utiles, votre vie s'enrichit.

Il est plus facile de nous pratiquer à être aimables dans les relations que nous apprécions, mais nos relations plus difficiles, les rencontres qui nous mettent en colère, nous donnent envie de nous venger ou nous rendent déprimés, et ce sont celles-là même qui nous apprennent vraiment quelque chose. Dans ces cas, il faut faire appel à tout notre courage et à toutes nos forces pour répondre aimablement.

À quoi ressemble une réaction aimable? Doit-on y consacrer beaucoup de temps et d'efforts? Est-ce coûteux? Faut-il mettre nos propres besoins de côté? À toutes ces questions, la réponse est non. Être aimable peut être aussi simple que d'écouter une personne qui a besoin d'être écoutée, ou de sourire à une personne qui a l'air triste. On peut être aimable en offrant une simple prière, une seule fois ou chaque jour. Ce pourrait être de nous éloigner d'une situation conflictuelle ou de « céder » plutôt que de tenter de prouver que nous avons raison. Une autre bonne réaction est de rester calme. Cela aide toutes les personnes présentes.

L'une des meilleures façons d'être aimable est d'adopter un ton de voix doux. La douceur est plus utile que l'impolitesse pour apporter la paix aux personnes présentes, et même à ceux et celles qui, peut-être à leur insu, seront affectés plus tard par cette expérience.

Il n'est pas difficile d'être aimable. La seule difficulté réside dans la décision de le devenir. Par la suite, il suffit de choisir l'amabilité, un moment à la fois, un jour à la fois.

- *Toute action, bonne ou mauvaise, a des conséquences*

Toutes nos actions entraînent des réactions, qu'elles soient explicites, implicites, positives ou négatives. C'est pourquoi il est si important de porter attention à notre comportement. Tous les humains peuvent faire preuve d'indélicatesse, généralement à cause de leur égocentrisme. Il se peut que nous n'ayons pas eu l'intention de faire du mal, mais si le mal est fait, notre intention ne compte pas. C'est pourquoi nous devons être vigilants.

Si nous pouvions être certains que nos actions malveillantes n'aient d'autres conséquences que pour la personne que nous visons, si nous savions qu'elles seraient « contenues », pour ainsi dire, nous n'aurions pas de raison de tant nous inquiéter. Ne vous méprenez pas. Il n'est jamais acceptable d'agir pour faire du mal. Je dis simplement que si notre « victime » était la seule personne à ressentir les effets de nos actions, il nous serait possible de réparer le tort que nous aurions causé. Mais ce n'est pas le cas, et réparer nos torts est une tâche complexe que nous ne pouvons pas ignorer. Nos actions se répandent partout et elles affectent non seulement les parties concernées mais l'humanité tout entière. Nous ne devons jamais l'oublier.

C'est pourquoi chaque bonne action peut contribuer à la paix dans le monde. Tout commence par nos choix personnels. Cela peut vous sembler arrogant ou naïf, mais pensez-y bien. Chaque bonne action que vous et moi faisons peut engendrer chez une autre personne un sentiment de bonté. Cela me rappelle le film *Payez au suivant*. Nos âmes sont reliées. Quand nous aidons une personne, non seulement aidons-nous tout le monde partout, mais nous donnons l'exemple de relations harmonieuses à toutes les personnes concernées.

Nous apprenons en imitant. Nous le faisons depuis toujours. Ceux et celles d'entre nous qui ont grandi dans des familles portées à se faire du mal ont eu tendance à apprendre des comportements dysfonctionnels, mais il est possible de changer ces vieux modèles. Nous pouvons développer de nouvelles habitudes, il suffit d'un peu de pratique.

Si nous passions une seule journée, même une seule heure, à étudier ce qui se passe dans notre esprit et à apporter des changements lorsque nos pensées sont négatives, pour nous ou pour les autres, nous verrions le monde sous un autre angle. Nous pourrions, ne fût-ce que pour un bref instant, imaginer un monde rempli d'amour et ensuite prendre les mesures nécessaires à son épanouissement optimal. Remplir le monde d'amour n'est pas un travail réservé aux autres. C'est la raison pour laquelle chacun de nous est ici sur terre. Un moment, une pensée, un geste à la fois.

* **Cessez de vous disputer,**
une dispute à la fois

Pourquoi nous disputons-nous? Pourquoi avons-nous des conflits? Pour masquer notre peur. Cela peut vous sembler une trop grande généralisation, mais c'est vrai. Rappelez-vous votre dernière dispute. Il est plus que probable que vous vous sentiez vulnérable, intimidé ou à la merci des caprices de l'autre. Vous avez réagi. Vous avez résisté aux efforts de votre adversaire de contrôler vos gestes, vos idées ou vos plans d'avenir, car vous craigniez que son contrôle vous mène là où vous ne vouliez pas aller. Pourquoi votre adversaire tentait-il de vous contrôler? À cause de sa propre peur, lui aussi. Les disputes opposent toujours deux parties (ou plus) aux prises avec la peur, mais la plupart d'entre nous n'en sont même pas conscients, encore moins l'admettent-ils.

Au bout du compte, nous agissons tous sous l'influence de deux émotions: l'amour et la peur. La peur, si répandue aujourd'hui, nous affecte émotionnellement, physiquement et spirituellement. Et toutes ces querelles qui découlent de notre peur ont des conséquences importantes. Quand nous sommes en état d'agitation constante, nous ne pouvons être présents pour recevoir les vraies leçons qui nous sont destinées. Il faut aussi ajouter que les sentiments d'agitation qui persistent toujours longtemps après l'événement déclencheur nous gardent figés dans le passé et incapables de voir les leçons qui nous font signe dans le moment présent. Comme toujours, notre comportement dans une certaine situation gagne du terrain et, à force de répétition, il devient une habitude — dans le cas présent, une habitude terriblement destructrice de la peur.

La peur se manifeste de plusieurs façons. Le silence, la mauvaise humeur, les larmes, une réaction verbale violente. Parfois, la peur se manifeste physiquement. Elle n'aide jamais une rencontre inattendue. Elle augmente toujours la tension et exerce sur nous un contrôle qui peut être sans merci. La seule façon de nous libérer de notre peur et de nous situer dans le moment présent est de commencer par comprendre pourquoi nos peurs sont aussi puissantes.

Au cours des trente premières années de ma vie, j'ai vécu, presque continuellement, dans la peur. Mon père, dominateur, n'arrivait pas à avoir le contrôle sur moi, mes idées et mon comportement, et cela le rendait fou de rage. J'étais seulement trop empressée de réagir avec un peu de ma propre rage. Nous nous disputions constamment. Aujourd'hui, je sais que nos disputes étaient le résultat de nos peurs : ses peurs pour ma sécurité et mes peurs que je puisse un jour lui ressembler. Quelle ironie !

Je serais probablement une femme encore habitée par la peur si je n'avais pas accepté d'entreprendre un cheminement spirituel. Ma transformation n'a pas été subite, mais le seul fait d'apprendre que d'autres personnes avaient réussi à se libérer de leurs peurs m'a donné de l'espoir. Je suis gênée de le reconnaître, mais pendant plusieurs années dans cette voie, j'étais encore prompte à m'emporter. Ce comportement n'a pas encore totalement disparu, même aujourd'hui, trente ans plus tard. Mais je suis tout de même capable, chaque jour, d'admettre plus facilement ma part de responsabilité dans une dispute et de reconnaître, du moins dans mon for intérieur, que c'est la peur qui était à l'origine de la dispute.

Ce n'est pas sans raison que j'ai intitulé cette section « cessez de vous disputer, une dispute à la fois ». Il est tellement plus facile de modifier un comportement, une attitude, une idée quand nous limitons notre attention. Si je promettais de ne plus jamais me disputer à compter de cet instant, je me dirigerais vers un échec. Il est tellement plus facile de dire: « Pour le moment, pour la prochaine heure, je ne me disputerai pas. » Par la suite, quand vous êtes sur le point de réagir aux idées d'une autre personne, à ses accusations ou à son rejet, vous pouvez identifier la nature de votre peur et la remettre entre les mains de votre Puissance supérieure. N'oubliez pas, une dispute à la fois.

Il n'est pas nécessaire de rester aux prises avec la peur. Elle n'exerce sur nous que le contrôle que nous voulons bien lui accorder. Il nous est toujours possible de ressentir de l'amour plutôt que de la peur.

Ce n'est pas sorcier, je l'ai fait moi-même. Il vous suffit d'être prêt à changer la façon dont vous voyez une situation et les gens qui sont présents ; d'avoir conscience, quand le besoin s'en fait sentir, que la vie des autres sous l'emprise de la peur les empêche de réagir avec amour. Mais cela ne vous empêche pas de le faire. Quand nous choisissons l'amour, moment après moment, nous changeons, et nous changeons aussi ceux qui nous entourent. C'est une certitude. Vous pouvez simplement décider de ne plus vous disputer, une dispute à la fois. Si une dispute vous appelle, ignorez-la. Dites une prière. Soyez reconnaissant d'être conscient qu'il existe une autre façon de voir vos expériences.

Cherchons à donner raison à Margaret Mead qui disait, il y a longtemps, que le monde change, une personne, un geste à la fois, et seulement ainsi. En cessant de vous disputer, vous devenez agent de changement. Chaque fois que vous refusez l'occasion de vous disputer, vous montrez aux autres qu'ils peuvent, eux aussi, faire comme vous. C'est ainsi que nos actions se répandent. L'amour ou la peur ? À vous de choisir.

10

Faites taire votre cerveau

*N*OTRE CERVEAU BAVARDE constamment. Êtes-vous conscient de ce bavardage? Portez-y attention au cours des prochaines minutes. Vous êtes peut-être en train de faire votre liste d'épicerie ou une liste de « choses à faire ». Vous jugez peut-être la personne que vous venez de croiser au centre commercial et vous vous comparez à elle. À présent, votre cerveau en est rendu à vous dire que vous n'avez jamais été à la hauteur, que vous n'êtes pas assez intelligent ni assez beau.

Qu'en est-il du conducteur qui vous dépasse sur l'accotement d'une autoroute achalandée, ou de la femme qui vient de vous couper en voiture? Que pensez-vous d'eux? Ces pensées vous distraient-elles de la circulation dense dans laquelle vous vous trouvez? Vous demandez-vous ce que votre parte-naire de vie vous réserve pour votre prochain anniversaire ? Peut-être vous inquiétez-vous de perdre votre partenaire de vie pour un autre partenaire, ou par la mort ?

Vous pensez peut-être à la belle température et vous vous dites que ce soleil sera bon pour les fleurs que vous venez de planter. Dans mon cas, surtout quand je suis en train d'écrire, mes pensées vont aux boules de poussière dans ma maison.

Tous ces bavardages dans notre esprit peuvent nous distraire ! Ils sautent presque sans arrêt d'un scénario à un autre. Il n'est pas nécessaire qu'il en soit ainsi. Nous pouvons prendre le contrôle de notre esprit. Nous pouvons jouir de la paix, ressentir de la sérénité et devenir attentifs aux messages que Dieu nous envoie. Nous pouvons, comme le dit le titre de ce livre, *changez votre façon de penser et votre vie changera.*

DÉVELOPPER DE NOUVEAUX COMPORTEMENTS

• *Toute pensée peut être chassée*

Ce n'est pas un crime de penser, évidemment, mais il reste que ce sont nos pensées qui nous font dévier si souvent de notre route. Nous nous déprécions, nous jugeons les autres, nous ressassons le passé, nous nous inquiétons de l'avenir. Ce n'est pas nécessaire. Nous sommes pleinement responsables de nos pensées et nous pouvons les contrôler au moment où nous le devons ou le voulons. Quel pouvoir! Personne ne peut s'approprier votre identité. Personne ne peut prendre le contrôle de vos pensées, et ainsi de votre vie, sans votre autorisation. Personne ne peut vous forcer à faire quelque chose qui n'est pas à votre avantage. Personne ne peut vous imposer une opinion ou une attitude. Vous seul décidez de votre degré de bonheur, de sérénité, de paix ou de confiance en vous. Vous êtes ce que vous décidez d'être. Et vous pouvez, dès maintenant, vous débarrasser de toute pensée qui ne vous apporte rien de positif.

C'est trop facile? Essayez de le faire. Juste une fois. Voici comment: quand une pensée négative se manifeste dans votre esprit, imaginez que vous la chassez de votre tête en soufflant dessus ou en secouant la tête. Quand une pensée stupide, accaparante, occupe une place dans votre cerveau, chassez-la aussi.

Cela pourra vous sembler simpliste, pas très thérapeutique ni sophistiqué, mais ça marche! Je crois que c'est tout ce qui importe. Je ne suis pas partisane de la théorie qui veut que chaque pensée qui nous vient doive être analysée pour découvrir son sens caché. N'est-il pas plus simple de faire appel aux moyens dont vous disposez pour chasser les pensées qui ne vous rendent pas heureux?

C'est comme préparer la terre avant d'y semer les graines pour obtenir du maïs. Nous devons arracher les mauvaises herbes et retirer les pierres du sol avant de tracer les sillons pour les semailles. Ce que nous mettons en terre, ce que nous cultivons dans notre esprit est ce qui croît. Ce n'est pas sorcier. Maintenant, essayez-le. Chassez ces pensées négatives. Faites-le encore, et encore.

• *Choisissez vos pensées avec soin*

Nous choisissons nos pensées. Nous choisissons d'accepter les réactions des autres, des réactions qui ne nous sont peut-être pas utiles ; nous choisissons de nous attarder à nos anciennes blessures ; nous choisissons de nous inquiéter de l'avenir. Voilà quelque chose de réjouissant ! Si nous pouvons choisir ces pensées nuisibles, nous pouvons aussi choisir des pensées utiles. Vous êtes aux commandes. Votre satisfaction et votre paix dépendent de ce que vous dictez à votre cerveau. Rien ne vous empêche de faire ce changement, dès maintenant !

• *Si une pensée vous trouble,*
choisissez-en une autre

Combien de minutes par jour sentez-vous que vous n'êtes pas dans votre assiette ou que vous êtes déprimé, ou peut-être même en colère ou craintif ? Ce n'est pas nécessaire. Quelle que soit l'émotion que vous ressentez, elle vient d'une pensée — que vous pouvez choisir de changer. Peu importe le moment, il vous suffit de changer votre optique.

Dans *Un cours en miracles*, le cheminement spiri- tuel dont j'ai parlé plus tôt, on appelle miracle le fait de modifier son point de vue. C'est une action délibérée, bien qu'elle soit très calme et généralement très sub- tile. Cela demande une volonté de cesser de nourrir toute pensée qui se trouve derrière l'émotion qui affecte notre bien-être, et de demander à notre Puis- sance supérieure d'en choisir une meilleure pour la remplacer. Je crois que c'est une bonne façon d'envi- sager notre vie. Cela nous encourage à compter sur le partenariat que nous entretenons avec une Puissance supérieure, si nous choisissons ce partenariat, et nous libère de devoir faire ce changement seuls.

Un simple changement dans la façon dont nous interprétons ce qui se passe autour de nous peut tota- lement changer notre dialogue intérieur et ainsi chan- ger la pensée et l'émotion. Il vous suffit de dire : « Mon Dieu, aide-moi à voir ceci d'une autre façon. » Vous n'aurez peut-être pas l'impression qu'une nouvelle pensée se manifestera immédiatement, mais cela se produit. Par contre, notre ego est déroutant, sournois et puissant, et il pourrait bien sauter sur la nouvelle pensée et la chasser avant même que vous ayez la chance de l'accueillir, auquel cas vous devrez répéter le processus. Il vous suffit de demander que le chan- gement se produise de nouveau. Essayez, essayez et essayez encore.

L'impression d'un plus grand pouvoir que vous ressentez quand vous acceptez de changer votre point de vue est très profonde. Vous savez que vous ne serez plus jamais à la merci d'une émotion ou d'une pensée que vous ne voulez pas. Vous renforcez aussi votre partenariat avec votre Puissance supérieure chaque fois que vous faites preuve d'assez d'humilité pour demander de l'aide. Cette relation plus intime avec Dieu, tel que vous Le concevez, vous servira dans bien des domaines. Plus vous prendrez l'habitude de vous tourner vers cette source pour des conseils, moins il y aura de difficultés dans tout domaine de votre vie.

Nous ne pouvons pas changer le monde, car ce n'est pas notre travail, mais nous pouvons nous changer, car cela l'est. C'est le changement le plus profond dans notre façon de penser que nous avons besoin de faire. Dieu nous le rappellera constamment et nous aidera. Ou encore, nous pouvons intégrer cette habitude si profondément que nous serons libres de confier d'autres problèmes à Dieu afin de les résoudre.

- ***Vous ne pouvez entendre votre voix intérieure quand votre cerveau est occupé***

Vous vous souvenez que j'ai parlé de deux voix qui s'affrontent toujours dans notre esprit — la première, celle de notre ego, qui réclame généralement notre attention, et l'autre, douce et calme, que nous ne pouvons pas entendre quand nous laissons notre ego nous crier à tue-tête ? La voix douce nous propose des conseils spirituels, nous console quand nous en avons besoin, et nous offre la paix. Cependant, pour atteindre le calme nécessaire et entendre cette voix, nous devons empêcher notre ego de contrôler notre esprit. Il y a de grands avantages à cela. Non seulement faisons-nous immédiatement taire tout ce bavardage qui n'est que le harcèlement constant de notre ego, mais nous commençons à entendre les conseils spirituels qui nous seront profitables, ainsi qu'à nos nombreux compagnons.

Notre vie a un but. Cela vaut pour tous. Il n'y a qu'une seule façon sûre de découvrir ce but et c'est en écoutant les conseils qui nous sont destinés. Ces conseils sont en chacun de nous, mais ils ne s'imposeront pas à nous. Nous devons être fin prêts, enthousiastes et désirer sincèrement les écouter. Tant que nous n'atteindrons pas ce niveau de bonne volonté, nous ne connaîtrons pas la paix. Tant que nous n'aurons pas cette bonne volonté, les bavardages de notre ego continueront à troubler notre vie et notre paix d'esprit.

Au début de ma recouvrance, tout me rendait hyper anxieuse. Je ne me sentais pas bien en dehors de mon appartement. J'avais peur d'aller au travail. Je ne voulais pas que mes amis sachent l'étendue de ma peur, car j'avais honte de mes sentiments. Je ne voulais pas passer pour une ratée. Nous suivions tous les mêmes Douze Étapes et les autres semblaient bien s'en sortir. Alors qu'est-ce qui n'allait pas chez moi ?

Par bonheur, un ami a laissé un livre chez moi et, dans ma grande peur, je l'ai ouvert. Il s'agissait du livre *Illusions* de Richard Bach. Je l'ai lu et j'ai adoré l'espoir qui s'en dégageait, mais ce qui a vraiment changé ma vie à ce moment-là a été le message sur la couverture arrière. « Si vous lisez ceci, c'est que vous êtes encore vivant, il vous reste donc encore à réaliser votre but. » Ce simple message était exactement ce qu'il me fallait entendre à ce moment et je suis certaine que c'était un message de ma Puissance supérieure, le genre même de message que nous pouvons recevoir quand nous faisons taire notre cerveau.

Si vous pouvez rester branché sur la douce voix calme à l'intérieur de vous qui veut votre bien, vous n'aurez jamais de raisons de douter de vos décisions. Si vous vous alimentez toujours à la bonne source pour obtenir une nourriture spirituelle, des conseils, du réconfort et de la paix, vous n'échouerez jamais. Si le message vous paraît un peu étouffé parce que votre ego proteste, n'oubliez pas : vous réussirez toujours à réaliser votre but si vous n'exprimez que de l'amour à chaque personne que vous croisez. C'est la vérité. En cas de doute, ne faites rien d'autre que d'offrir de l'amour, de la bonté ou du réconfort à la personne devant vous. Quels que soient les conseils que vous cherchez, ils vous seront révélés au cours de votre acte de bonté. Et si vous ressentez encore de l'incertitude, vous aurez néanmoins contribué à la paix dans le monde.

11

Chaque rencontre est bénie,
agissez en conséquence

*L'*UN DE MES PLUS IMPORTANTS CHANGEMENTS dans
ma façon de penser a été de prendre la décision de
considérer chaque rencontre comme une rencontre
bénie. En effet, qu'il s'agisse d'étreindre un membre
de la famille ou de passer à la caisse au supermarché,
nous faisons une rencontre bénie. Même nos rencontres les plus banales sont sacrées, chacune d'elles
fournissant un fil essentiel dans la tapisserie qui
devient notre vie. Aucune n'est plus importante que
l'autre, elles se valent toutes. La vie m'a bien appris
cette leçon : personne ne croise notre route par accident. Il n'est pas nécessaire d'en comprendre le pourquoi, pas plus que nous avons à comprendre ce qu'on
recherche en nous. Notre seule et unique mission est
de répondre à chaque personne que nous croisons

comme s'il s'agissait d'un compagnon béni — et comme si elle était, elle aussi, en mission comme nous.

Nous sommes tous reliés. Je trouve cela réconfortant et cela rend notre route plus facile. Cela nous libère d'avoir à nous demander quel comportement adopter, peu importe la situation. Il suffit de nous rappeler que, si nous envisageons une réponse qui ne plairait pas à Dieu, nous devrions la reconsidérer. Le silence est le meilleur choix. Prendre un moment supplémentaire pour reformuler notre réponse est aussi une bonne idée. Si nous choisissons de considérer chacun de nos compagnons — ceux que nous connaissons bien comme ceux que nous ne faisons que croiser — de la même façon aimante que Dieu les voit lui-même, nous les traiterons tous de façon appropriée. Il faut nous y exercer, mais même si nous nous souvenions pendant une seule heure à tous les jours que chacune de nos rencontres a été orchestrée par Dieu, nous augmenterions de beaucoup nos chances d'étudier nos actions, de les empreindre de bonté, et d'en faire le reflet de l'amour que Dieu a manifesté à chacun d'entre nous.

Chaque fois que nous choisissons de nous éloigner de nos compagnons en les jugeant, nous nous compliquons la vie inutilement. C'est aussi simple que ça.

DÉVELOPPER DE NOUVEAUX COMPORTEMENTS

• *Rien n'arrive par hasard*

Dès notre tendre enfance, nous apprenons à classer nos expériences comme bonnes ou mauvaises, enrichissantes ou téméraires, spirituelles, accidentelles, tragiques ou chanceuses. La tentation est forte d'agir ainsi, car cela nous empêche de devoir considérer chaque expérience comme étant à la fois bénie et spécifique à notre cheminement. Souvenez-vous de ce que Caroline Myss a dit sur le fait que nous sommes sur terre pour respecter les engagements que nous avons choisi de vivre dans cette vie. Cela signifie qu'aucune relation ou expérience n'était ou n'est accidentelle. Cela signifie aussi qu'il faut éviter d'en favoriser certaines au détriment des autres.

Si nous acceptons cette idée, nous commençons à comprendre que notre vie entière a un sens. Il y a un scénario : les choses se produisent — et continuent de se produire — pour une raison. Nous n'avons plus à nous accrocher à la douleur, à la colère, à l'apitoiement ou à la confusion à propos du passé qui ont alimenté nos attitudes négatives. Nous n'avons pas à laisser nos souvenirs d'expériences douloureuses du passé déterminer comment nous nous sentons. Nous n'avons plus à blâmer les autres pour nos mauvaises expériences. Nous comprenons que ces expériences et ces personnes étaient prédéterminées dans notre vie et, ce faisant, nous choisissons de lâcher prise sur le ressentiment. La liberté qui en résulte est immense.

Je me souviens d'avoir entendu, au début de ma recouvrance spirituelle, que nous devrions remercier Dieu pour chacune de nos expériences, même pendant qu'elles se produisent; que nous devons chercher ce qu'il y a de bon dans chacune d'elles. Je n'étais pas convaincue de cela. J'avais vécu trop de moments difficiles et pénibles pour croire qu'ils étaient tous prévus et tous bénis. Il m'a fallu un grand effort de volonté pour revoir mon passé de façon à reconnaître et à accepter que chacune de mes expériences était bénie, même les plus douloureuses, et que tout cela avait contribué à faire de moi la personne que je suis devenue, et que c'était donc une bénédiction. Accepter l'idée que rien n'arrive par hasard nous permet de renoncer à notre état de confusion, à nos peurs, à nos attentes malveillantes, à nos ressentiments préconçus, à notre résistance, et à notre inquiétude presque constante quant aux résultats. Nous pouvons choisir de croire que chaque expérience arrive en son temps et que notre seul vrai travail est de l'accueillir.

Si cela vous semble simpliste ou tiré par les cheveux, pensez à ceci: si, au moment de votre mort, vous découvrez que ce point de vue était erroné, cela importera-t-il? Je ne crois pas. Entre-temps, cela vous aura permis de vivre beaucoup plus en paix.

• *Cherchez la leçon*
dans chaque expérience

Au chapitre sept, j'ai écrit que les leçons nous étaient envoyées jusqu'à ce que nous apprenions d'elles. Ces leçons nous arrivent par nos expériences et c'est pourquoi il ne faut jamais déprécier une expérience en la considérant sans importance. Les expériences qui nous fournissent certaines des leçons les plus importantes de la vie peuvent sembler insignifiantes en elles-mêmes — par exemple le fait de tenir la porte pour une personne âgée et de recevoir sa gratitude, ce qui confirme l'importance de nos expressions d'amour et de délicatesse, mais cela ne veut pas dire qu'elles ne font pas partie de notre destin. Nous sommes privilégiés que des occasions d'offrir seulement de l'amour, comme étant des leçons importantes de notre vie, se présentent encore et encore jusqu'à ce que nous les revendiquions pleinement.

Ces leçons, qui se présentent souvent sous le couvert de confrontations avec les autres et qui nous offrent l'occasion de choisir l'amour et non la peur, l'acceptation et non la résistance, le pardon et non le ressentiment, donnent un sens à notre vie. Elles créent et alimentent nos relations avec les autres, tant celles que nous apprécions que celles qui nous causent des difficultés. Elles nous permettent d'accomplir notre destin et changent notre vie, à tous. Notre interdépendance fait que, lorsqu'une personne retient une leçon, cela affecte les autres aussi.

Une des leçons que j'ai dû apprendre encore et encore par l'expérience a été que le sens de ma vie ne dépendait pas des réactions des autres. J'ai dû apprendre que le comportement des autres reflétait la façon dont ils se voyaient eux-mêmes, l'impression qu'ils avaient d'eux. Leur comportement était rarement, et même jamais, en relation avec ce que j'avais dit ou fait.

Ce fut une leçon importante pour moi, car pendant mon enfance et même à l'âge adulte, je ne fus que l'image de ma perception de la façon dont les autres me traitaient. J'ai déjà développé cette idée dans les chapitres précédents, mais je la reprends ici parce que ma vie a changé lorsque j'ai finalement appris cette leçon. J'ai aussi changé ma façon de traiter les autres. Je n'ai pas su vraiment qui j'étais avant de m'assumer totalement. Depuis ce moment, tout a changé dans ma vie.

Chaque jour, nous apprenons des leçons de nos expériences, marquantes ou non. À mesure que nous commençons à comprendre ce qu'elles étaient et ce qu'elles sont, nous sommes plus ouverts et nous résistons moins à ce qui nous attend. Quand nous comprenons que ce qui nous est déjà arrivé était intentionnel, destiné à notre édification et à notre croissance spirituelle, et nécessaire à l'accomplissement de notre destin, nous cessons naturellement de craindre l'avenir. C'est ce qu'on appelle la liberté.

• *Toutes nos rencontres sont prédestinées*

Nous avons déjà discuté de l'idée que nous arrivons dans cette vie après avoir conclu des contrats sacrés avec d'autres, des contrats en vue d'expériences qui nous permettront à tous d'évoluer. Nous voici de retour à cette même idée. Il est très important que nous comprenions la signification de la présence de chaque personne que nous croisons dans notre vie. Ces rencontres ne se sont pas produites par hasard.

Accepter l'idée que chaque personne et chaque rencontre a sa raison d'être a pour effet d'augmenter la joie tirée des rencontres heureuses et de diminuer la douleur de celles qui n'ont pas semblé nous profiter au moment où elles se sont produites. Cela réduit la douleur et la confusion que nous ressentons parfois.

Nous pouvons dire avec certitude que personne ne se souvient d'avoir pris des contrats avant sa naissance. C'est ce trou de mémoire qui permet à nos peurs de nous envahir quand nous devons gérer des situations difficiles ou incertaines. Si seulement nous pouvions nous souvenir à l'occasion que nous sommes exactement là où nous devons être, avec les gens avec qui nous devons vivre une expérience, et que Dieu est toujours à nos côtés, nous serions tellement plus en paix.

Certains d'entre vous peuvent se sentir mal à l'aise à l'idée que chacune de nos expériences était prédestinée, particulièrement les personnes qui ont été l'objet de violence physique ou sexuelle. À vous, je dis ceci: *si cette idée vous afflige de quelque façon, oubliez-la.* Il y a un dicton populaire qui dit: *Prenez ce qui vous convient et laissez le reste.* C'est tout à fait pertinent dans le cas présent. Pour ma part, je sais seulement que lorsque nous choisissons de croire que Dieu, tel que nous Le concevons, sera toujours et a toujours été à nos côtés, peu importe l'expérience que nous vivions, cela nous réconforte grandement. Il n'a jamais été prévu que nous devions vivre seuls une expérience. Que nous choisissions de nous réjouir du fait que notre vie se déroule tel que prévu ou que nous choisissions de résister au voyage, nous nous retrouverons tous là où nous sommes censés être. Je crois simplement qu'il est préférable de choisir l'itinéraire le plus paisible.

• *Appréciez chaque expérience*

Un des choix que nous omettons souvent de faire est celui de la gratitude. Nous devrions ressentir de la gratitude pour chaque expérience que nous vivons, sans exception, car les bonnes comme les mauvaises sont des éléments importants de notre vie. Pourtant, nous sommes peu nombreux à comprendre que la gratitude est un choix qui s'offre à nous, et un choix qui nous est toujours accessible. L'avantage de croire que la gratitude est une option est qu'elle nous donne la possibilité de modifier notre attitude à chaque instant de notre vie. Il est évidemment facile d'éprouver de la gratitude pour les « bonnes » choses — notre santé, la rencontre de notre partenaire de vie, la naissance des enfants et des petits-enfants. Mais qu'en est-il des événements difficiles, douloureux ou déroutants? En acceptant d'éprouver aussi de la gratitude pour ces expériences, nous avons l'occasion d'apprendre la leçon qui accompagne cette expérience. Je le répète, même quand il semble impossible de le croire, il est toujours vrai que ce qui nous arrive est bien pour nous — toujours.

Retournez dans votre passé, particulièrement à ces expériences qui vous ont semblé de véritables tragédies ou accidents, mais qui ont été des points tournants importants ou des leçons de vie. Vous comprenez maintenant que vous ne saisissez pas tout d'un seul coup.

Plusieurs personnes sont d'avis que nous ne serions pas en mesure de gérer notre vie si elle nous était entièrement connue à l'avance, et que Dieu ne nous envoie que ce que nous pouvons gérer, un petit peu à la fois. Pour ma part, je suis portée à le croire. Par exemple, si j'avais su, avant mon premier mariage, comment il allait se terminer et pourquoi, j'aurais été paralysée. Mais j'ai surmonté le bouleversement émotif quand il s'est produit, et maintenant que je suis passée à autre chose, avec tous les cadeaux qui m'ont été faits en cours de route, je suis très reconnaissante pour chacune des situations profondément difficiles que j'ai vécues. Chacune d'elles a contribué à ma croissance.

Décider d'avoir de la gratitude exige qu'on laisse tomber le doute. Le doute est une perte d'énergie. Nous ne sommes pas obligés d'apprécier chacune de nos expériences. En fait, nous pouvons même éviter une expérience de temps à autre, mais si l'une d'elles doit faire partie de notre cheminement particulier, je peux vous assurer qu'elle reviendra un jour ou l'autre. Notre ego ne sait vraiment pas ce qui est le meilleur pour nous. Notre Puissance supérieure le sait et nous pouvons être assurés que nous vivrons chacune des expériences qui nous est nécessaire, sans exception.

Je trouve très réconfortant de choisir d'avoir de la gratitude pour tout ce qui m'arrive au moment où cela m'arrive, même quand je ne comprends pas ou quand je suis en colère, blessée ou attristée par l'expérience. Une fois que j'ai compris que je ne trouverais jamais la paix tant que je ne cesserais pas de douter de l'infinie sagesse de Dieu, j'ai pu trouver la paix que j'avais toujours cherchée.

Je vous le concède, comment fait-on pour cultiver la gratitude, me direz-vous? Une excellente façon est de dresser chaque soir avant d'aller au lit une liste de choses pour lesquelles vous êtes reconnaissant. Quand cette habitude sera bien ancrée en vous, vous sentirez que vous êtes bien moins inquiet. Vous connaîtrez alors une paix que vous n'auriez pas cru possible.

• *Nous guérissons notre âme*
grâce à nos relations avec les autres

En réalité, nous ne pouvons pas guérir notre cœur ni notre âme en nous isolant des autres. La guérison passe par les relations en devenant conscients de notre grande interdépendance avec toutes les personnes et toutes les choses, et de notre gratitude de cette conscience. Isolés, nous pouvons prétendre bien des choses, mais nous pouvons rarement créer une saine image de nous-mêmes, ou être inspirés à accomplir des actions significatives. Quand nous cessons de nous sentir séparés et isolés, nous pouvons nous fixer des buts qui nous semblaient absolument inatteignables dans le passé et les atteindre. Nous développons la capacité d'aimer et de pardonner en toutes circonstances. Nous commençons à nous voir dans les autres et à accepter les faiblesses et les défauts que nous avons tous, tout en célébrant nos forces, sachant que nous les partageons aussi. Ce sont là les cadeaux qui nous viennent d'un esprit en paix.

Bien que Thomas Edison soit l'exemple qui passait souvent des jours et des nuits isolé dans son laboratoire pour découvrir et réaliser son but, la plupart d'entre nous sont incapables de découvrir le pourquoi de leur présence sur terre quand ils sont en état d'isolement. Plus souvent, ce sont nos expériences partagées avec nos compagnons de route qui nous donnent les indices dont nous avons besoin pour comprendre notre raison d'être ici-bas. Règle générale, nous ne pouvons pas accomplir la tâche qui est la nôtre en nous isolant du monde extérieur.

En fait, nous ne pouvons jamais savoir qui nous sommes vraiment sans communiquer avec les autres. Le plus difficile à croire dans tout cela est que les gens avec qui nous entretenons les relations les plus diffi-ciles sont ceux de qui nous avons le plus à apprendre. C'est par ces relations les plus tendues que nous apaisons le plus notre esprit.

C'est pourquoi il est si important d'avoir de la gra-titude pour chacune de nos relations. Il nous est impossible de savoir ce que Dieu a voulu que chacune d'elles nous apporte. Nous pouvons seulement être assurés qu'elles sont là pour nous aider à guérir.

Nous sommes entourés d'occasions de guérir notre âme. Nous pouvons ignorer ces occasions en refusant d'avoir des relations aimantes avec les per-sonnes qui croisent notre route, mais nous ne pou-vons vraiment pas échapper à ce fait. C'est pourquoi ce n'est que le bon sens de choisir la réponse pacifi-quement.

12

Il y a deux voix dans votre tête et l'une d'elles a toujours tort

*L'*IDÉE CENTRALE DE CE CHAPITRE vient du volume *Un cours en miracles*, qui, comme je l'ai expliqué précédemment, est un programme spirituel visant d'abord et avant tout à obtenir une vie plus paisible. Selon le « cours », il y a deux voix en nous. La première est celle de l'ego, et l'autre est celle du Saint-Esprit (vous pouvez appeler ce messager intérieur de paix votre Puissance supérieure, le Grand Esprit, la Source universelle, ou tout autre nom qui vous convient). Les deux voix sont toujours présentes, mais l'une d'elles est très forte et elle attire généralement notre attention. J'imagine que vous pouvez deviner laquelle. Le cours nous dit non seulement que la voix de l'ego est la plus forte, mais que son message est toujours erroné. Alors, pourquoi l'écoutons-nous avec tant d'intérêt ?

En réalité, c'est un mystère. L'ego n'est pas notre ami. Il tente de se faire passer pour un ami, mais il n'en est pas un. Il cherche à nous faire sentir à part en nous isolant des autres. Un instant, il nous parle de notre supériorité, puis de notre infériorité l'instant suivant, ce qui est une façon de nous maintenir en déséquilibre et confus. Sa survie même dépend de notre attention exclusive; par conséquent, il ne reculera devant rien pour garder son contrôle sur nous. Il cherche constamment à nous convaincre de laisser de côté notre bon jugement et notre sagesse, et de faire face à la vie à partir d'une position de colère, de peur, d'un comportement agressif ou d'isolement.

L'autre voix, plus douce, nous parle d'amour et de paix, de lâcher-prise et de pardon, d'espoir et d'acceptation. Elle ne fait jamais de distinction entre nous et les autres. Elle nous rappelle toujours que nous avons un besoin sacré les uns des autres. Elle nous montre comment entretenir de bonnes relations fondées sur l'amour. Elle nous répète constamment que nous sommes toujours là où nous devons être et que la main de Dieu est toujours présente.

Heureusement, nous avons le libre arbitre et ce libre arbitre nous permet de choisir quelle voix nous voulons écouter. Nous pouvons toujours choisir d'écouter la voix douce de la paix. Nous pouvons choisir de changer notre façon de penser et notre vie changera.

DÉVELOPPER DE NOUVEAUX COMPORTEMENTS

• *Soyez vigilant dans vos choix*

Si vous recherchez la paix, soyez vigilant dans vos choix. L'ego vous suggérera souvent de choisir les commérages, la critique, les comparaisons, les jugements, la jalousie, la peur et la colère, mais aucun de ces choix ne vous apportera la paix. Faire ces choix, alimentés par l'ego, peut devenir une habitude, mais, comme nous l'avons déjà démontré, aucune habitude n'est sacro-sainte. Si vous souhaitez vraiment connaître la paix dans votre vie (qui ne souhaite pas vivre dans la paix?), avant d'entreprendre toute chose, vous devez évaluer soigneusement cette action, avec l'aide de votre Puissance supérieure. Avant de parler, d'agir, et même avant de planifier une action future, il est sage de faire une pause et d'examiner ce que vous vous apprêtez à faire. Si votre choix ne conduit pas à une expérience pacifique, il serait préférable de choisir autre chose.

Découvrir une voie vers la paix n'est pas vraiment difficile si vous faites une recherche sérieuse. C'est, en fait, une voie à sens unique. La paix est le résultat de pensées aimantes et de bonnes actions. Si nous pensons ce que Dieu souhaite que nous pensions et si nous posons les gestes que Dieu veut que nous posions, nous connaîtrons la paix. Elle nous enveloppera comme une douce vague. Les gens qui reçoivent

nos bonnes actions et nos pensées aimantes ressenti-
ront aussi une vague de la paix que nous ressentons.

Examinons cette idée de plus près. Une pensée
aimante peut être une prière pour demander la compréhension ou le pardon. Ce peut être une prière pour
souhaiter du bien à un adversaire ou à une personne
malade. Ce peut être une prière générale pour un
monde agité. Une pensée aimante peut simplement
être la reconnaissance que chaque rencontre est
« bénie ». Accepter de changer notre point de vue
devant une situation qui s'envenime constitue une
pensée d'amour. C'est un changement qui n'a même
pas besoin d'être verbalisé par les parties en cause.
Ce faisant, nous influerons sur la situation de toute
façon, et on le ressentira. Manifester de la gratitude
pour le moment présent et tous les moments passés
est aussi l'expression d'une pensée aimante. Reconnaître que la colère d'une personne est la conséquence de la peur et prier pour elle, lui envoyer des
pensées de calme et de paix est ce que Dieu voudrait
que nous fassions.

Les actions aimables et généreuses ne sont pas
mystérieuses non plus. Celle qui vient en premier à
l'esprit, la plus facile, est probablement celle de sourire au lieu de froncer les sourcils quand l'occasion se
présente. Une bonne action, c'est aussi de lâcher
prise devant une situation dont le contrôle nous
échappe ou devant une personne qui insiste pour
avoir raison. Ne vous méprenez pas. Lâcher prise ne
signifie pas vous laisser manger la laine sur le dos;

c'est simplement affirmer que vous préférez la paix à un conflit « moralisateur ». Avoir raison est toujours une question de point de vue. Se quereller pour imposer son point de vue n'amène jamais la paix.

En s'éloignant d'une situation conflictuelle, on fait le bon choix. Cela désamorce la situation et montre qu'il y a une autre façon de communiquer. Si on développe cette idée plus avant, on peut dire qu'il n'est jamais nécessaire de se disputer, jamais. Il n'est jamais nécessaire de défendre son point de vue, jamais. Il n'est jamais nécessaire d'imposer son point de vue aux autres, jamais. Il n'est pas nécessaire de résoudre les désaccords, mais si nous les entretenons, nous ne trouverons jamais la paix que nous méritons tant.

En réalité, il est assez facile de calmer votre esprit quand vos pensées sont agitées. D'abord, il suffit de prendre une grande respiration avant de réagir à toute situation. Ensuite, il faut demander à Dieu de se manifester. Chaque fois que vous suivrez ce processus en deux étapes, vous générerez de la paix, non seulement dans votre vie mais dans celle des autres. Chacun de nous peut faire une différence. Le monde change alors que nous changeons notre façon de penser. Une décision, un choix à la fois.

- *Acceptez de vous demander :*
  « Est-ce que je préfère être
  en paix ou avoir raison ? »

J'ai déjà abordé ce sujet précédemment, mais attardons-nous-y pendant quelques instants. Il y a probablement des centaines d'occasions chaque jour de choisir entre être en paix ou avoir raison. Souvent, ce choix n'est pas facile. Vous pouvez vous sentir personnellement engagé dans une cause ou une autre, et en vous retirant de la discussion, vous pourrez sentir que vous abandonnez votre position. Vous pouvez, au contraire, choisir un autre point de vue et voir comment, en vous retirant, vous faites un choix qui pourrait profiter à tous ceux qui prennent part à la discussion. En choisissant de ne pas vous répandre en injures, vous permettez aux deux parties de préserver leur dignité.

Notre ego est souvent si occupé à défendre son point de vue que nous nous retrouvons mêlés à des discussions inutiles, souvent très animées, sur des questions qui ont peu d'importance pour nous. Il semble que nous ayons été entraînés à croire que chaque discussion que nous entreprenons doit être terminée, mais ce n'est pas le cas. En refusant de poursuivre une discussion jusqu'au bout, nous prenons une décision libératrice. Nos « adversaires » pourraient tenter de nous faire sentir coupables de ne pas poursuivre la discussion, particulièrement quand ils ont l'impression qu'ils étaient près de nous convaincre qu'ils ont raison, mais ils n'ont aucun contrôle sur notre décision de nous retirer de la discussion. Le choix nous appartient, et nous ne serons jamais en paix si nous restons dans des discussions enflammées qui n'ont aucune possibilité de se terminer dans l'harmonie.

Plus nous avançons en âge, plus nous souhaitons avoir des relations harmonieuses. Mon passé est rempli de discussions enflammées sur des questions où j'étais souvent dans la plus grande ignorance. Mais j'insistais pour avoir raison, pour forcer les autres à capituler en espérant qu'ils finiraient par avouer que j'avais raison. Je crois que cette compulsion d'avoir raison venait de mon insécurité. Je n'éprouve plus ce besoin. Non pas que je n'aie plus d'opinion sur certaines questions, ou que je ne me sens pas engagée dans une philosophie personnelle. C'est plutôt parce qu'il est plus important pour moi de connaître la paix d'esprit que de remporter une discussion, quelle qu'elle soit, et que le fait de ressentir l'agitation qui découle des désaccords n'alimente plus mon énergie dont j'ai besoin pour faire autre chose.

Comme toujours, l'enjeu va au-delà du choix individuel entre la paix et avoir raison. Chaque fois que nous faisons un choix pacifique, nous augmentons la paix dans le monde. Cela peut vous sembler impossible, mais réfléchissez bien. Quand vous vous sentez respecté, n'avez-vous pas tendance à respecter les autres en retour? Quand vous êtes confrontés à l'hostilité, ne ressentez-vous pas du stress et est-ce que cela n'affecte pas votre prochaine interaction?

Chacune de nos réactions se répercute de façon exponentielle. Quand nous choisissons la paix, les conséquences de notre choix se répandent dans le monde.

Il est merveilleusement libérateur de ne pas s'emmêler dans les drames des autres ou d'essayer d'attirer les autres dans les nôtres, surtout quand ce comportement est une habitude chez nous. Cette étape, soit de choisir la paix plutôt qu'avoir raison, demande beaucoup de pratique, mais cela nous rapporte d'énormes dividendes en vue d'une vie paisible et d'un monde de paix.

• *Il ne suffit que d'un peu de volonté*

La volonté est ce qui nous permet de changer d'idée. La simple volonté. Un mot si doux, jamais violent ni contrôlant. Faire preuve de volonté signifie simplement nous engager à aborder toute nouvelle situation comme une possibilité et non une attente, être disposés à laisser de côté une idée ou une opinion au profit d'un esprit ouvert. Cela nous incite à réfléchir avant de prendre des décisions importantes.

Notre résistance à abandonner de vieilles idées ou opinions peut nous sembler insurmontable. Nos vieilles façons de faire ou de penser nous ont bien servi, ou du moins, le croyons-nous. Nous savions au moins à quoi nous attendre! Par contre, ce que plusieurs d'entre nous ignorent, c'est qu'en refusant d'être prêts à considérer un autre point de vue, nous empêchons la voix de notre Puissance supérieure de jouer un rôle dans nos décisions, nos opinions, notre perception des autres dans le moment présent. Nous L'avons peut-être laissée nous aider dans le passé, peut-être même L'avons-nous laissée prendre les décisions auxquelles nous nous accrochions, mais aujourd'hui, nous sommes enlisés, ne voulant pas faire place à un nouveau point de vue, plus approprié. Cela se produit parce que l'ego cherche à prendre le contrôle de l'ancienne idée, à se l'approprier, puis à nous « l'infliger ». Pour paraphraser *Un cours en miracles,* l'ego parle le premier, le plus fort, et il a toujours tort.

D'où vient notre volonté d'ouvrir notre esprit à la voix de notre Puissance supérieure? En fait, elle nous est toujours accessible; elle n'insiste tout simplement pas pour attirer notre attention. Elle attend dans les coulisses notre invitation d'entrer en scène. Il n'est pas difficile de lui faire une place. Il suffit de rester vigilants face à nos propres pensées et de nous assurer que le geste que nous nous apprêtons à poser ne nuira à personne. Par contre, l'ego peut faire preuve de ruse et interférer dans nos plans presque à notre insu. On dit qu'il peut parfois même imiter la voix de notre Puissance supérieure. C'est pourquoi nous devons être calmes, très calmes, pour bien identifier la voix qui se manifeste. Rappelez-vous le titre de ce chapitre: *Il y a deux voix dans votre tête et l'une d'elles a toujours tort.* Faites le bon choix.

• *Nous pouvons reprendre chaque jour le processus du changement*

Je n'oublierai jamais la première fois que j'ai vu l'affiche en gros caractères qui disait : « Un jour à la fois ». Je ne pouvais même pas imaginer ce que cela signifiait. C'est alors qu'une bonne âme me l'a expliqué — et j'ai été soulagée. Tenter d'imaginer que nous devons faire quelque chose, particulièrement quand c'est difficile, pour le reste de notre vie peut nous paralyser. Il est cependant possible de penser à le faire un jour à la fois. C'est tout ce que nous avons besoin de faire. Je sais que je n'aurais jamais pu imaginer changer mon comportement face à l'alcool et à la drogue pour le reste de ma vie, mais j'avais l'impression que je pourrais m'abstenir d'utiliser ces substances un jour à la fois. Et cette idée m'a donné le courage d'essayer.

Je suggère la même méthode pour changer notre façon de penser et notre vie. Rares sont ceux qui peuvent promettre qu'ils ne retomberont plus jamais dans une ancienne façon de penser ou dans un vieux comportement pour le reste de leur vie. Mais en nous donnant le choix de faire cette promesse chaque jour, et seulement pour la journée en cours, il nous devient possible de gérer un changement de comportement, d'attitude ou d'idée qui ne nous est plus utile.

Nous n'avons qu'à acquérir la volonté de laisser Dieu, tel que nous Le concevons, participer à toutes nos décisions, un moment à la fois. Chaque moment, chaque heure, chaque jour où nous permettrons à Dieu d'être participant, en acceptant d'écouter Sa voix, nous serons beaucoup plus en paix, et nous pourrons contribuer à instaurer la paix dans la vie des autres.

Chaque matin au réveil, nous sommes libres de nous engager volontairement à écouter et à suivre les conseils, si nous le choisissons. Ce faisant, nous entretenons l'espoir que notre vie peut devenir le reflet de nos rêves les plus précieux. Par contre, nous sommes rarement pressés de changer au début, même si le changement nous semble très sensé. Le changement nous amène toujours en territoire inconnu, du moins pour un temps. Peu d'entre nous sont à l'aise dans l'inconnu. C'est pourquoi il nous arrive de résister certains jours, et c'est normal.

Continuer en gardant nos anciennes idées et nos anciens comportements, c'est comme marcher avec de vieilles pantoufles. Elles sont usées, mais tant que la semelle tient, nous ne voulons pas les jeter. Et nous ne sommes pas obligés de le faire. Pas plus que nous sommes tenus d'écouter la voix de Dieu chaque jour. Nous sommes totalement libres de choisir.

C'est pourquoi notre objectif se limite à changer un jour à la fois, et seulement lorsque nous le désirons. La plupart des gens croiront que c'est possible. Vous pouvez même décider de ne changer qu'une expérience à la fois, si cela vous semble plus facile.

L'idée est que vous êtes libre de changer à votre rythme et seulement lorsque vous en avez envie.

Personne ne vous surveille. Personne ne se soucie de savoir comment et quand vous modifiez un comportement, une attitude ou une opinion. Nous sommes les principaux bénéficiaires de nos changements.

Un jour à la fois. Quelle bonne idée. Rien ne nous est impossible à petite dose. Comme nous ne sommes assurés d'être en vie qu'un instant à la fois, chérissons la conscience que nous pouvons de nouveau, en cet instant précis, entreprendre notre journée avec une nouvelle idée, une nouvelle attitude et les comportements appropriés qui s'ensuivent. Il n'y a pas de mauvais moment pour décider de commencer. Allez-y lentement et à petite dose, et votre vie changera.

• *Vous pouvez commencer quand bon vous semble*

Je crois que nous pouvons affirmer sans crainte que personne n'aime vivre dans le chaos. Personne n'aime se sentir constamment jugé ou agité. Il n'est pas plaisant non plus d'être prisonniers de nos propres disputes, ou de laisser le comportement des autres contrôler nos idées et nos actions. Pourtant, nous sommes nombreux à vivre dans un (ou plusieurs) de ces états pendant longtemps parce que nous redoutons de changer notre comportement, ou parce que nous ignorons que nous avons le pouvoir de changer nos pensées et nos actions, ou parce que nous ne réalisons pas que nous pouvons obtenir de l'aide pour changer ce que nous voulons changer.

Notre vie peut être beaucoup plus simple que ce que nous en faisons. Par exemple, nous n'avons pas à agir seul. Nous n'avons pas à être responsables des autres. En confiant notre vie, notre esprit et la vie des autres aux soins aimants d'une Puissance supérieure, nous changerons toutes nos expériences, toutes nos attentes et toutes nos relations. Notre vie pourrait ainsi être bien différente.

Personne ne peut nous dicter l'échéancier pour changer notre vie. Si vous aspirez à une vie plus heureuse ou plus paisible, vous pouvez choisir quand vous y mettre. Il n'y a rien de tel que le présent, mais vous n'êtes pas obligé de le faire maintenant. En réalité, vous pouvez ne jamais le faire! La voix aimante attendra votre invitation aussi longtemps que nécessaire. Quand vous souhaiterez enfin changer votre vie, elle viendra se joindre à vos efforts.

🌲 Épilogue

Raccourcis pour changer
votre façon de penser
et votre vie

COMME VOUS L'AVEZ VU, aucune des idées de ce livre n'est bien compliquée ni mystérieuse. Plusieurs de ces concepts vous étaient probablement familiers, surtout si vous êtes déjà en cheminement spirituel. Mon expérience m'a enseigné qu'il peut être extrêmement utile de revoir et de renforcer des idées aussi puissantes, ne serait-ce que pour nous les rappeler et nous assurer de rester dans la bonne voie. Puis, bien sûr, il faut de la pratique. Rien ne change si rien ne change. Donc, si ces idées vous intéressent, j'espère que vous vous engagerez à en adopter quelques-unes pour commencer, afin de les mettre toutes en pratique éventuellement dans votre vie.

N'oubliez pas que vous n'avez pas besoin d'apporter de grands changements simultanément. Un petit changement mis en pratique sera tout aussi efficace, sinon plus, qu'un grand changement qu'on pratiquera sans enthousiasme. Ce dernier chapitre consiste à trouver ces petits changements que vous pouvez faire — un jour à la fois. Nous reverrons les nombreuses suggestions déjà proposées dans les douze premiers chapitres, en voyant comment les rendre plus faciles à assimiler. Personne ne peut ou ne doit changer sa vie entière du jour au lendemain. Par contre, et cette idée est au cœur même de ce livre, ce n'est pas une obligation. Chacun d'entre nous peut choisir de nouvelles pensées qui généreront de nouveaux comportements, une pensée, un comportement à la fois. Ainsi, notre vie changera. Ces changements ne passeront pas inaperçus chez les gens que nous touchons. Voilà l'avantage additionnel.

Alors, faisons le point.

DÉVELOPPER DE NOUVEAUX COMPORTEMENTS

• *Vivez et laissez vivre*

Ne plus nous mêler des affaires des autres constitue une profonde expérience de libération. Cela veut dire que nous pouvons atteindre nos propres objectifs. Cela signifie aussi que nous pouvons nous concentrer à pratiquer les principes d'une vie pacifique partout où nous allons. Cette façon d'être simplifie notre vie et nous rend disponibles pour accomplir le travail que

Dieu a choisi pour nous, le travail que nous avons accepté de faire avant même notre arrivée ici-bas.

Vivre et laisser vivre ne veut pas dire de vivre sans s'occuper des autres. Cela veut simplement dire de ne pas se mettre en travers de leur chemin, d'aborder chaque interaction avec l'idée que nous sommes dans la vie des uns des autres pour apprendre des leçons précises. Nous échangeons des informations dans chaque interaction. Chaque rencontre nous donne l'occasion de nous aider mutuellement, mais pas de contrôler. Partant de cette perspective, nous pouvons considérer nos interactions sociales tant comme professeurs que comme élèves. Cependant, prendre les autres en charge, ou essayer de le faire, ne fait jamais partie de nos devoirs. Nous sommes vraiment chanceux qu'il en soit ainsi.

• *Déplacez votre focus :* *du problème à la solution*

Ce sur quoi nous nous concentrons se multiplie. Lorsque nous nous concentrons sur un problème, nous l'exacerbons. C'est comme un mal de dents. Même le plus petit problème deviendra monumental si nous lui portons constamment attention. La beauté chez l'être humain, c'est que nous avons le choix. Nous n'avons pas besoin de nous concentrer sur les problèmes ; nous pouvons ouvrir notre esprit vers les solutions. Voilà un changement de perspective majeur, et le premier pas pour y parvenir est la volonté

— simplement la volonté de cesser de nous concentrer sur le problème. En faisant ce premier pas, nous ouvrons la porte à la résolution du problème. Parfois, les solutions apparaissent de façon tout à fait étrange une fois que nous nous permettons de les voir.

La vérité est que la plupart de nos plus gros « problèmes » dans la vie ne sont pas menaçants; ce sont plutôt des situations plus qu'ordinaires que nous choisissons de compliquer. Très souvent, c'est notre façon de réagir ou de dramatiser qui nourrit la petite flamme et, avant même de nous en rendre compte, un incendie fait rage. Mais nous pouvons circonscrire l'incendie si nous acceptons de voir comment notre propre comportement a contribué à l'allumer, puis prendre la décision de nous retirer, totalement, de la situation.

Un exemple courant qui me vient à l'esprit est un simple désaccord avec une personne chère concernant les plans pour la célébration d'un anniversaire. Si vous insistez pour que ce soit une surprise, et très coûteuse de surcroît, et si je « gagne » la dispute, je dois m'attendre à ce que l'événement puisse avoir perdu son déroulement heureux. Personne ne gagne dans de telles circonstances.

Le fait est que nous avons toujours le choix de cesser de nous concentrer sur un problème pour nous concentrer sur sa solution. Nous choisissons à quel point nous voulons amplifier le problème. Nous n'avons pas besoin de toujours faire les choses comme nous les avons toujours faites. Voilà une révélation renversante pour plusieurs d'entre nous. Nous pouvons nous retirer de toute situation. Nous pouvons ne rien dire ou simplement nous éloigner. Un bon point de départ serait de voir les problèmes comme des occasions de laisser Dieu entrer dans notre vie. Croyez-moi. Le sentiment d'un plus grand pouvoir personnel qui accompagne le fait de laisser Dieu s'occuper du problème pendant que nous essayons de prêter attention à la solution change la vie.

Permettez-moi de le répéter. Les soi-disant problèmes dans notre vie sont en grande partie imputables à notre ego envahissant. Rappelez-vous ce que j'ai dit plus tôt concernant les deux voix dans notre tête, l'ego et la voix calme de la paix. L'ego parle toujours le plus fort et il a toujours tort. Il se délecte du chaos des problèmes non résolus. Dieu se manifeste dans la solution pacifique. Nous avons le choix d'écouter l'une ou l'autre voix.

• *Lâchez prise*

Rappelez-vous notre discussion précédente sur le fait que nous ne sommes responsables que de l'effort, non pas du résultat. C'est bien, non? Le problème est qu'il n'est pas facile de nous retirer d'une situation après avoir fait l'effort qu'il nous appartient de fournir. Nous voulons aussi être en charge du résultat, en raison de son impact sur notre vie, particulièrement sur notre sécurité, mais ce n'est pas à nous de contrôler, et cela ne l'a jamais été.

Essayer d'être en charge des résultats, qui sont toujours incontrôlables, signifie que notre travail ne se terminera jamais, que nous ne serons jamais désengagés des situations ou des personnes. Non seulement cela est épuisant, parfois au-delà du supportable, mais cela veut aussi dire que nous enlevons aux autres leur responsabilité. Il est tout aussi important de ne faire que notre travail que de laisser les autres faire le leur. Il faut du temps et de la pratique pour pouvoir nous retirer lorsque le moment est propice, mais c'est un choix qu'il nous appartient de faire.

Lorsque notre esprit est tourné vers le passé ou l'avenir, et c'est ce qui tend à se produire lorsque nous essayons de contrôler les résultats, nous éprouvons souvent de l'agitation ou de l'anxiété, parfois les deux, mais rarement la paix. Nous ne pouvons pas être un exemple de paix, sauf dans chaque moment présent. Et nous ne pouvons pas connaître la paix à moins d'expérimenter la présence de Dieu, qui est toujours disponible, à chaque moment. Notre travail consiste à être présents à cette expérience.

Avec de la pratique, nous pouvons apprendre à laisser le passé nous interpeller sans nous y rendre. Nous pouvons aussi apprendre à laisser le futur nous faire signe sans aller vers lui. Planifier pour le futur, ce qui n'est pas une mauvaise idée, ne signifie pas d'y vivre avant le temps. Il y a tant d'occasions de lâcher prise. Pratiquer l'une d'elles nous sera profitable pour toutes les autres.

• *Vivez un miracle*

La phrase « Vous êtes ce que vous pensez » est la clé pour comprendre le contrôle que nous avons sur la façon dont se déroule notre vie. Si nous ne sommes pas heureux des résultats jusqu'ici, nous avons le choix d'opter pour une vie plus heureuse. Voyez-vous, notre vie ressemble à nos pensées. Nous sommes en charge de nos pensées, et aussi de leur création. Nous choisissons chacune de nos pensées et des perceptions que nous entretenons. Voilà la mauvaise nouvelle. Par contre, toute pensée qui nous trouble peut être éloignée. Le choix nous appartient. Voilà la bonne nouvelle, et rafraîchissante de surcroît.

En effet, c'est une très bonne nouvelle de ne pas être aux prises avec une pensée qui ne génère pas la paix. Chacun peut ainsi avoir la chance d'influencer positivement toute personne et toute situation qu'il rencontre, car tout comme nos pensées paisibles nous réconfortent, elles réconfortent aussi les autres. Pour certains, la question est: *Comment fait-on pour rejeter les pensées qui nous maintiennent dans le ressentiment ou la peur, ou qui nous remplissent de honte et de culpabilité, ou encore qui nous incitent à la colère et nous isolent des autres?* Ces pensées semblent s'accrocher à nous comme de la colle. La vérité, c'est que nous nous accrochons à elles.

Nous nous accrochons aux pensées qui nous blessent ou qui blessent les autres, car elles nous sont familières. Changer même une seule pensée pourrait avoir des conséquences que nous ne pouvons ni prédire ni planifier, et cette situation est simplement trop inconfortable à supporter. Quelle que soit notre réalité avec laquelle nous avons vécu, elle changera dès que nos pensées changeront. Et nous sommes les seuls à pouvoir changer l'image que nous voyons.

La seule chose qui nous empêche de profiter d'une paix méritée est notre résistance à choisir une autre pensée lorsque celle que nous protégeons nous nuit ou nuit aux autres. Cette simple action de changer notre perception peut contribuer de manière exponentielle à la paix dans le monde.

• *Agissez, ne réagissez pas*

Nous sommes nombreux à être passés maîtres dans l'art de laisser les autres décider de nos sentiments, soit par la perception qu'ils ont de nous ou par leurs actions, ou les deux. Nous permettons aux actions des autres à notre égard d'engendrer en nous une réaction irréfléchie ou un repli sur soi délibéré. Nous pouvons nous abstenir de l'une ou l'autre réaction, peu importe les circonstances, peu importe ce qu'a dit ou fait l'autre personne. Vous vous souvenez de l'histoire de John Powell ? Il est triste que plusieurs d'entre nous aient passé des années pénibles, ouvertement ou secrètement, sous la domination des autres, mais il est encore temps de vivre heureux.

Cette vie heureuse débute en prenant en charge nos actions. Cela signifie choisir d'agir plutôt que de réagir aux caprices des autres. Vous savez aussi bien que moi qu'une réaction impulsive est généralement mauvaise. Le meilleur chemin est presque toujours de prendre davantage de temps pour analyser notre réaction aux autres et à la vie, et d'agir plutôt que de réagir. Pendant ce moment supplémentaire, nous avons l'occasion d'écouter la voix douce de Dieu, et chaque fois que nous prenons la décision d'écouter la voix la plus douce, nous pouvons nous retenir de réagir. La voix douce de Dieu nous guidera vers l'attitude aimante, vers les paroles de gentillesse, et nous amènera à nous éloigner de situations qui peuvent déraper en scènes affreuses.

Parvenir à agir plutôt que réagir face à une personne, à un lieu ou à une chose, quels qu'ils soient, est aussi difficile qu'on le veut bien. Si nous répétons sans cesse ce que nous avons toujours fait, rien ne changera dans notre vie. Par contre, si nous osons emprunter un chemin différent et adopter un nouveau discours, rien ne sera plus pareil. Le choix s'offre toujours à nous.

• *Cessez de juger. Les jugements et l'amour ne peuvent coexister*

Les jugements sont un poison pour nous et pour toutes nos relations. Ils viennent de l'ego, et ils sont déroutants, sournois et puissants. La plupart d'entre nous sont si habitués à leurs jugements que, plus souvent qu'autrement, ils ne le remarquent même pas, et lorsqu'ils s'en aperçoivent, ils les justifient en disant qu'ils ne font que partager leur opinion, ou qu'ils sont tout à fait honnêtes en essayant d'aider à clarifier des situations ou à les améliorer. L'ego peut être très habile, mais il n'est pas nécessaire de nous laisser leurrer par lui.

Les jugements nous emprisonnent, en ce sens qu'ils monopolisent nos sentiments, nos actions, nos projets, nos espoirs et nos rêves. Chaque fois que nous portons un jugement sur une autre personne, notre vie s'appauvrit ; elle devient plus limitée. Nous devons nous demander pourquoi nous continuons à faire quelque chose qui a un impact si négatif sur notre propre vie.

Porter des jugements constitue une habitude et nous pouvons la changer.

Avec des efforts et l'aide de notre Puissance supérieure, nous pouvons voir que nos jugements sont le reflet de la façon dont nous nous voyons, et de la peur qui nous consume. L'une des façons de nous libérer des jugements que nous portons si facilement sur les autres, et souvent avec jubilation, c'est de demander de l'aide et le pardon pour nos propres fautes.

Il est possible de s'entraîner à ressentir, puis à exprimer de l'amour inconditionnel, qui est l'antidote du jugement, particulièrement avec l'aide de Dieu. Nous pouvons choisir d'accueillir Dieu dans notre esprit chaque fois que nous nous surprenons à porter un jugement; cette mesure change instantanément notre expérience et notre perspective. Pratiquer la gratitude constitue un autre moyen simple de fuir l'habitude de juger.

Essayons de nous rappeler que nous choisissons toutes nos relations pour les leçons qu'elles nous apportent. Être disposés à accepter ces leçons et les gens qui nous les apportent peut remplacer, dans notre esprit, le jugement par l'amour et l'acceptation. Nos peurs, qui nous portent à juger, n'ont aucun pouvoir sur nous si nous donnons, dans notre esprit, préséance à Dieu, à la gratitude, à la volonté et à l'acceptation. La volonté de changer notre façon de penser est la solution toute puissante à tout manque d'harmonie dans notre vie.

Notre esprit n'est jamais au repos! Choisissons nos pensées avec soin et amour, et avec Dieu comme guide.

• *Acceptez votre impuissance est le plus grand cadeau*

Abandonner nos tentatives de contrôler les autres constitue une forme profonde de libération person-nelle. Ce n'est pas facile à faire toutefois, même après des années de pratique. Nos peurs font en sorte que nous nous accrochons à l'idée que notre propre vie sera plus heureuse si nous pouvons contrôler les autres. Nous présumons que notre sécurité et notre bien-être sont directement liés au comportement des · autres; en conséquence, plus nous nous concentrons à contrôler leur comportement, plus nous serons heureux. Ce n'est qu'après avoir mis en pratique le processus du lâcher-prise sur ce que font les autres, sur une période de plusieurs mois et même d'années, que nous pourrons voir que notre vie n'est pas, et n'a jamais été, sécurisante ou satisfaisante comme résultat des actions de quelqu'un d'autre. Notre vie devient paisible et sécurisante dans la mesure où nous prenons conscience de l'amour inconditionnel de Dieu.

Chaque être humain vivant a un parcours choisi, un itinéraire qui lui convient. L'une des façons d'enclencher le processus de renoncer au contrôle est de nous laisser pénétrer par cette vérité, tout comme reconnaître que plus nous essayons de contrôler quelqu'un, moins il sera intéressé à rester dans notre vie. Chaque fois que nous entrons dans une lutte de pouvoir avec la personne que nous voulons contrôler, nous creusons un fossé dans notre relation. Le désir des autres de nous éviter sera directement proportionnel à notre obsession continuelle sur leur façon de vivre et leurs actions.

Une autre des raisons pour lesquelles nous essayons de garder les autres attachés à nous en les contrôlant, c'est pour éviter nos sentiments d'insécurité et d'inaptitude. Nous sentir menacés, à moins de recevoir constamment l'approbation des autres parce qu'ils acquiescent à notre contrôle, est ce qui nous garde coincés et incapables de compléter le cheminement que nous sommes venus entreprendre ici. Nous devons abandonner ces sentiments nuisibles, et nous le pouvons, si nous adhérons à l'idée que nous sommes tous des professeurs et des élèves, pour apprendre les uns des autres, mais sans jamais exercer de contrôle sur quiconque.

Nous avons le choix de vivre en harmonie ou en désaccord. Peu parmi nous choisissent consciemment la dernière option. Par contre, si nous nous accrochons à des pensées non pacifiques — et si chaque tentative pour contrôler quelqu'un est une pensée non pacifique —, nous ne pourrons jamais connaître la paix que nous méritons. Il y a un moyen plus facile, plus doux. Pourquoi ne pas le choisir ?

• *Soyez le centre de votre propre attention*

Notre vie reflète nos pensées, et lorsqu'elles sont accaparées par notre attention sur les autres, nous ratons les nombreuses occasions et leçons qui se présentent à nous. La « codépendance » est un terme populaire pour qualifier cette obsession. Vivre à travers la vie des autres — épier leurs moindres mouvements pour découvrir qui nous sommes et notre degré d'approbation —, c'est choisir de vivre dans la solitude. C'est aussi un chemin qui ne nous permet pas de participer aux événements que nous avions « demandé » de vivre dans cette vie.

Notre obsession de la vie des autres nous empêche de remplir notre propre mission, ce qui, en retour,
crée en nous un sentiment de faiblesse, qui nourrit
alors notre obsession. C'est un cercle plutôt vicieux.

La bonne nouvelle est qu'il est tout à fait possible
de partager la vie d'une autre personne sans empiéter
sur nos frontières mutuelles. Nous pouvons marcher
côte à côte, et nous rendre service en chemin. Nous
pouvons apporter notre soutien, être aimants, avoir de
l'assurance et éprouver de la gratitude pour ce « partenariat ». Nous pouvons aussi célébrer le contrôle
auquel nous sommes limités : le contrôle sur notre
propre esprit et notre propre vie, le contrôle sur les
efforts que nous mettons dans une relation, le contrôle
sur la gratitude que nous choisissons d'éprouver
chaque jour, et le contrôle sur la décision d'ouvrir
notre esprit à la présence constante de Dieu, qui est
toujours prêt à nous montrer le chemin vers une vie
plus paisible.

Il n'y a qu'une façon d'atteindre cette vie. Notre
choix d'y parvenir est aussi près que l'est notre prochaine pensée.

• *Ne causez pas de tort*

Il y a tant de façons de causer du tort. Certaines
paraissent plutôt inoffensives et demandent notre plus
grande vigilance. Ne pas écouter, ne pas répondre,
éviter le contact visuel, ignorer l'autre, répondre en

grognant et, peut-être la façon la plus courante, critiquer peuvent être des attitudes bénignes, mais elles
n'en sont pas moins nuisibles. Lorsque quelqu'un
quelque part est humilié par la façon dont nous le traitons, nous lui avons fait du tort. La violence verbale,
les abus physiques et les sévices sexuels, les formes
de mal auxquelles nous pensons couramment, ne
représentent en réalité qu'un faible pourcentage du
mal commis tout le temps autour de nous.

Le fait est que toute l'humanité est blessée par
nos disputes. Nous avons tendance à agir envers les
autres de la même façon qu'ils agissent envers nous,
et ainsi, nos actions et nos réactions nuisibles se mul-
tiplient, tout comme leurs répercussions. De plus,
chaque mauvaise action cherche à camoufler la peur.

Heureusement, il n'est jamais trop tard pour devenir une présence plus aimante dans la vie d'une personne. Nous avons toujours le choix d'être bons,
totalement compatissants ou aimants. Si nous ne ressentons pas de bonté ou d'amour, nous pouvons
occasionnellement choisir de ne pas agir du tout. C'est
un bien meilleur choix que de blesser l'autre. Par
contre, le meilleur choix est toujours d'éviter de blesser un autre, et ce n'est pas un choix si extraordinaire,
à moins que vous pensiez que ça l'est, et cette décision de ne jamais nuire à une personne n'a pas besoin
d'être prise plus d'une fois, à moins que nous soyons
enclins à laisser notre ego barrer la route au bon jugement de notre cœur. Dans ces situations où notre ego
a le contrôle total, nous pouvons heureusement choisir de nouveau.

S'il semble déraisonnable de s'engager à ne jamais plus blesser qui que ce soit, engagez-vous pour une journée seulement. N'importe qui peut prendre le contrôle de ses actions pour une journée. La récompense pour chaque geste de bonté que nous offrons est immédiate, et elle nous incite à continuer d'être bons, encore et encore. Chaque fois que nous choisissons d'être aimants et utiles, chaque fois que nous choisissons d'ignorer la tentation de nuire à quelqu'un, notre vie s'améliore. Nous devenons le reflet de nos gestes. Cela est un fait. Les gens qui passent leur temps à cultiver des pensées aimantes envers les autres ont, en retour, des vies beaucoup plus aimantes.

Nous pouvons toujours préférer la noblesse lorsque nous avons affaire à d'autres personnes. Peu importe leur comportement, nous n'avons pas besoin de leur rendre la pareille. Juste pour aujourd'hui, nous pouvons faire quelque chose. Juste pour aujourd'hui, nous pouvons être la personne que Dieu veut que nous soyons. Comme principe de base, on peut se demander, avant de faire tout commentaire ou de poser tout geste: « Ce que je suis sur le point de dire ou de faire plaira-t-il à Dieu ? »

L'histoire du Dalaï Lama racontée plus tôt est un rappel puissant et simple de notre responsabilité ici-bas. Il a dit, simplement et avec éloquence: « Aimez-vous les uns les autres. Si vous ne pouvez pas vous aimer les uns les autres, au moins, ne vous faites pas de mal. » Le bon choix est évident. Êtes-vous prêt à le faire ?

• *Apaisez votre esprit et entendez la voix de Dieu*

Sous la voix tumultueuse de l'ego se cache la voix calme de Dieu. Nous ne pouvons entendre cette voix calme qu'en faisant le silence dans notre esprit fébrile et en effervescence. C'est une chose assez difficile. Une personne normale entretient probablement des milliers de pensées chaque jour. Faire le vide de nos pensées pour pouvoir écouter la voix calme de notre Puissance supérieure est un choix que nous ne voulons pas toujours faire, surtout si nous sommes de mauvaise humeur. Manifester de la colère, de la peur ou du ressentiment nous donne l'illusion de pouvoir et de contrôle, ce qui fait que nous tenons à nous y accrocher fortement. Ce n'est pas avant d'avoir connu la paix et la liberté de mettre de côté toutes nos mauvaises pensées que nous aurons une idée à quel point notre vie nous paraîtra différente.

Accepter la responsabilité de chacune de nos pensées ne nous rend pas toujours fiers. Essayez de surveiller vos pensées pendant juste une heure. L'ego ne tient pas en place. Il ne cesse de comparer, de faire de l'opposition, de critiquer, d'argumenter, d'être contrarié et d'essayer de contrôler. Il ne rend jamais un service utile à qui que ce soit. Son existence même est alimentée parce qu'on lui permet de créer et de renforcer seulement les idées les plus nuisibles, qui sont généralement suivies par des comportements équivalents. Les mauvaises pensées se transforment en mauvais comportements.

Les nouvelles ne sont pas totalement mauvaises, bien évidemment. Nous ne sommes pas les otages de nos pensées. Nous pouvons choisir de chasser toute pensée n'importe quand, et lorsque nous le faisons, nous constatons que notre vie amorce un changement. Chacune de nos pensées peut être remplacée par une meilleure, plus calme, plus aimante, qui nous donne de l'énergie. Après avoir fait l'expérience des deux, les personnes qui veulent vraiment faire une différence positive dans la vie des autres et dans la leur réfléchiront soigneusement avant de nourrir une pensée qui ne reflète pas la volonté de Dieu. Nous ne devons jamais oublier que ce que nous lançons en l'air nous reviendra. Accepter la responsabilité pour notre partie de cette équation nous donne du pouvoir. Nous pouvons changer notre façon de penser et notre vie changera !

Des pensées de paix rendent les gens pacifiques, et les gens pacifiques nous promettent à tous un monde plus paisible.

• *Chaque rencontre est une rencontre bénie*

J'ai toujours trouvé cette idée très rassurante. Cela veut dire que je n'ai pas besoin de m'agiter constamment à propos de la volonté de Dieu. Si j'accepte la prémisse que personne n'est sur ma route par hasard et que nous sommes tous des enfants de Dieu, je suis davantage disposée à accepter leur présence et les circonstances qui nous ont réunis. Mon acceptation me permet de réagir avec respect, même dans des situations où l'amour n'est pas présent. Si cela ne semble pas possible, je peux garder le silence.

J'ai aussi constaté qu'il est plus facile de composer avec mes rencontres lorsque j'accepte l'idée qu'aucune d'elles n'est supérieure à une autre. Certaines peuvent ne pas être aussi faciles, joyeuses ou aimantes que d'autres, mais cela ne diminue pas leur valeur ou leur nécessité. Elles ont toutes été « présélectionnées » et font partie du déroulement de notre vie. La gratitude dans ces cas-là n'est pas facile ; nous devons la développer.

Est-il vraiment possible de regarder dans les yeux de chaque personne que nous rencontrons et d'y reconnaître la sainteté de l'Esprit ? Il vaut certainement la peine d'essayer. En fait, je crois que c'est notre mission la plus importante, celle qui nous aidera à faire un monde plus paisible. Et pendant la transformation de ce monde, chacun de nous éprouvera une transformation personnelle. Impossible de demander mieux.

- *Il y a deux voix dans votre tête, l'une d'elles a toujours tort, choisissez avec soin*

Vous êtes maintenant familier avec cette idée qu'il y a deux voix dans notre tête qui se font toujours concurrence pour attirer notre attention, et que l'une d'elles a toujours tort. La question intéressante pour la plupart d'entre nous est celle-ci : *Pourquoi choisissons-nous si souvent d'écouter la mauvaise voix ?* Nous avons déjà établi que c'est celle qui parle le plus fort. C'est souvent aussi la plus connue. Je crois cependant que nous choisissons cette voix parce que c'est celle qui nous élève au-dessus des autres, et que nous aimons bien nous trouver là. C'est celle qui fait en sorte que nous nous sentons différents des autres, ce qui nous semble familier. C'est aussi celle qui a besoin de notre adhésion pour survivre. Bien sûr, elle est un véritable casse-pieds. Elle n'a pas d'autre choix.

La question que nous devons toujours nous poser est : *Voulons-nous entretenir de l'agitation, de la colère, de la peur et une certaine infériorité, ou voulons-nous connaître la paix ?* Le choix nous appartient. La voix de la paix attendra que nous lui fassions signe. Puisque la voix de la paix appartient à notre Puissance supérieure, nous savons qu'elle demeure toujours avec nous. Elle ne quitte pas notre esprit, même si nous l'ignorons souvent. Elle sait que nous voudrons éventuellement une vie plus paisible et elle nous montrera le chemin.

Écouter la voix plus douce et plus calme de Dieu rend chaque relation plus productive et plus paisible. La paix que nous entretenons peut aussi être transmise aux autres par nos prières, par notre volonté de changer nos perceptions, par notre décision de cesser de toujours vouloir avoir raison chaque fois que nous sommes en désaccord avec un être cher, un étranger ou un bon ami. Transmettre nos sentiments de paix augmente le niveau de notre propre paix.

Il est bien connu que tout acte d'agression mène à plus d'agression. Il suffit d'écouter les nouvelles et de lire les journaux pour en avoir la preuve. Par contre, nous ignorons bien souvent que le contraire est aussi vrai : des actes d'amour mènent à plus d'amour, dans notre propre vie aussi bien que dans celle de notre entourage. Notre propre « petit geste » d'amour n'est pas inutile. Loin de là. Notre vie et le monde autour de nous sont changés par une multitude de petits gestes d'amour — quelque chose d'aussi simple qu'un sourire, un bon mot ou une disponibilité à écouter.

Il n'y a pas de mystère à comprendre comment nous développons une vie meilleure. Cela revient à faire de meilleurs choix, à commencer par le plus important : *Qui vais-je écouter, la voix agressive de l'ego qui commande, ou la voix calme et sage qui est toujours là pour nous guider vers un niveau plus élevé ?* Il n'est pas nécessaire d'apporter de grands changements immédiatement. Je ne le suggérerais même pas. Il suffit de vous engager, un jour à la fois, à changer votre façon de penser, et vous expérimenterez la vie paisible que vous méritez. On ne parlera jamais assez du pouvoir de changer sa façon de penser. Êtes-vous prêt à en devenir un exemple ?

Cela m'amène à la fin d'une expérience merveilleuse. J'ai retiré tellement de bienfaits en écrivant ce livre. Il en est toujours ainsi. Ma propre vie s'améliore chaque fois que je partage avec d'autres ces perles de sagesse que j'ai acquises au cours des années. Choisir de vivre une vie paisible en ayant des réactions paisibles, une réaction à la fois, m'a donné un sentiment d'équilibre et de liberté que je n'aurais jamais pu imaginer. Je suis si heureuse d'avoir pu partager avec vous ce que j'ai appris.

J'ai mentionné plus tôt qu'en vieillissant, je suis moins portée à vouloir prouver un point, quel qu'il soit. Je suis davantage disposée à lâcher prise et à être heureuse, au lieu de vouloir avoir raison. C'est peut-être ce qui arrive à tout le monde quand on vieillit. Je ne peux pas parler pour les autres. Je sais par contre que plus je réagis paisiblement aux gens autour de moi, plus je serai susceptible d'être aimée en retour. N'est-ce pas ce que nous recherchons tous? Je le crois, et je vais continuer à être un exemple, où que je sois. Puissiez-vous trouver la paix que vous méritez tant et vous rappeler que même un petit changement de votre façon de penser changera assurément votre vie. Faites en sorte que cela arrive.

Quelques mots sur l'auteure

$\mathcal{K}$AREN CASEY EST L'AUTEURE de seize livres, traduits en plus de douze langues. Sa propre recouvrance de l'alcoolisme ainsi que son engagement à aider les autres à se guérir eux-mêmes ont fait d'elle une oratrice très recherchée lors de conférences traitant de recouvrance et de spiritualité. Elle et son mari partagent leur temps entre la Floride, l'Indiana et le Minnesota.

www.womens-spirituality.com

Chaque jour un nouveau départ

Méditations quotidiennes pour les femmes

Karen Casey présente 366 méditations puisées aux expériences communes, aux luttes partagées et aux forces uniques des femmes afin de leur rendre la vie plus facile et de leur donner espoir lorsque tout semble perdu. Le tout accompagné de réflexions nourrissantes, de citations pleines d'humour et de sagesse.

ISBN 978-2-89092-156-6 – Béliveau Éditeur

RECYCLÉ
Papier fait à partir
de matériaux recyclés
FSC® C103567

Marquis imprimeur inc.

Québec, Canada
2011

Imprimé sur du papier Silva Enviro 100% postconsommation
traité sans chlore, accrédité ÉcoLogo et fait à partir de biogaz.